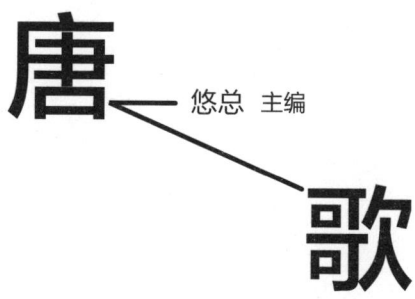

悠总 主编

浙江科学技术出版社·杭州

版权所有　侵权必究
图书在版编目（CIP）数据

　　唐歌 / 悠总主编. -- 杭州：浙江科学技术出版社，2025.3 -- ISBN 978-7-5739-0522-2

Ⅰ . I247.7

中国国家版本馆CIP数据核字 2025YV7681 号

唐　歌

悠总　主编

出版发行	浙江科学技术出版社
	杭州市拱墅区环城北路 177 号　邮政编码：310006
	办公室电话：0571-85176593
	销售部电话：0571-85062597
排　　版	杭州真凯文化艺术有限公司
印　　刷	浙江海虹彩色印务有限公司
经　　销	全国各地新华书店
开　　本	880mm×1230mm　1/32　　印　张　7.75
字　　数	173 千字
版　　次	2025 年 3 月第 1 版　　印　次　2025 年 3 月第 1 次印刷
书　　号	ISBN978-7-5739-0522-2　　定　价　68.80 元

策划编辑	罗　璀	**责任编辑**	罗　璀　方　晴	
责任美编	金　晖	**责任校对**	陈中威	
责任印务	叶文炀	**特邀审定**	朱钰婷	

如发现印装问题，请与承印厂联系。电话：0571-85095376。

目 录

001 ｜无面之城｜杨晚晴
我爱上了一个脸盲症，怎么办？

023 ｜唐　歌｜悠总
那日晌午，约见柳宗元的竟是自己《小石城山记》里所述的"智者"……

057 ｜坐　忘｜陈楸帆
1+1究竟等于几？2只是人类得出的答案而已。

079 ｜下　生｜埋名
此生与来生那条沟通的线路一直就在，只是刚被找到。

114 ｜语言猎手｜悠总
麦麦和豆子这对夫妻之间无法共情，是因为他们所使用的语言，这位"第三者"插足了他们的生活。

187 ｜移心换月｜悠总
太阳系里最像月球的应该是木卫二，当我们用它代替月球的时候，才发现人工智能向我们宣战了。

本书故事及人物纯属虚构

无面之城 | 杨晚晴

我爱你，我爱你的脸，被风暴犁开的春天，那封存着我的吻的版图的标记。

——勒内·夏尔《柳篮编织者的爱》

我从来不会忘记看到过的脸。

人群中大概有2%的"超级人脸识别者"，即使是短暂遇见过的人，他们也能记住那个人的长相，并且在相隔多年以后把对方认出来。而我，是"超级人脸识别者"中的翘楚。我能轻易记住人脸，记住人脸细微的、稳定的、难以识别的特征，更重要的是，我能记住人脸背后的故事。

在我三十年的人生中，这项特异功能（如果可以叫作特异功能的话）为我带来了无穷无尽的烦恼。大概是为了补偿，它给了我一份还算不错的工作……

是的，正如你看到的，我是千面公司的"识脸师"。我的工作，就是"看脸"。

……

首席技术官吕星橙皱着眉头看我。他的牙齿矫正过,他的虹膜是渲染过的琥珀色,他的鼻梁被微微架高,鼻翼则稍稍收窄,下巴挺而翘,像一把骄傲的弯刀。和这座城市里的许多人一样,他的脸好看而乏味。可是我能把他同千万张相似的脸区别开,就像我能区别其他任何人的一样。

而且,我会永远记住这张脸,记住与这张脸有关的一切。

"虽然缺乏点儿真诚,但也还不错啦。"这张好看而乏味的脸谨慎地说,"不过我觉得你应该更突出我们公司的优势。"

"优势?"

"就是我们超越单纯人工智能的地方。"

我叉起双手:"这就是我的工作,不是吗?"

"你有抵触情绪。"沉默片刻后,他下了结论。

我唤出虚拟时钟,一个横置的金色沙漏,具象化的时间从沙漏的一端奔流向另一端,然后消散在虚空之中。我把这数码化的哲学思辨推进吕星橙的增强视域。

"吕总,在这个沙漏漏完之前,我还要识别三百一十二张脸,这几乎是我平常工作量的三倍。在这种情况下,您还要我来拍什么宣传片——如果您只察觉到了我的抵触情绪,那可能是因为我的情绪控制十分到位。"

吕星橙挥了挥手,将沙漏驱走,他的眉头拧得更紧了:"小叶,现在是特殊时期,我们希望公司的员工能与公司共患难。还有,你可别忘了,你也是'千面'的用户,如果……"

我打了个呵欠。价值观捆绑。老一套。就好像我离了"千面"就不能活似的。

好吧，我承认，是会有一点点不便。我曾短暂地尝试过关闭"千面"App，在我生活过二十年的小区里。那天楼下花园里的人不多，我看到了几张脸，这些脸都毫无例外地勾连着回忆：那个慈眉善目的白胡子老爷爷曾经把老婆打进医院；那个看起来挺高冷的小姐姐小时候总是拖着两条鼻涕跟在我身后跑；那个五十来岁的中年人用手机偷偷给小区的孩子们拍过照，被老妈发现后，他不情不愿地把照片删除了，还小声嘀咕了一句脏话……他们都变了样，不是那种自然的变化，而是拜这个时代的快消品——皮下工程（简单来说，就是把亿万可编程分子机器注入皮下，让它们重新勾勒你的面部轮廓）所赐。然而这些变化并没有造成任何阻碍，声音和画面咕嘟咕嘟地冒了出来。我的世界如同内涝的城市，什么也拦不住回忆的污水漫溢。而我正站在沦陷的城市正中，那块被规划师放弃的战略洼地上。

从天上地下一起汹涌而来的雨水令我呼吸困难。

"……和人工鉴别请求一起快速增长的还有投诉量，"吕星橙说，"要恢复用户的信心，没有比你——我们公司最优秀的识脸师现身说法更好的选择了……小叶，你在听吗？"

我点了点头。

"忙过了这一阵，给你休假。"他承诺道。

我直起身。

"现在，"吕星橙把右手举到眼前，拇指和食指垂直，比出一个"八"，那是他在使用增强视域里的摄录功能，"再拍一条。"

我叹了口气，挤出一个职业微笑。

"我从来不会忘记看到过的脸。人群中……"

有这么个笑话:

衙役押解犯了罪的和尚去服刑。路上,在一家客栈,衙役喝醉了。和尚趁衙役酒醉不省人事,和他换了衣服,又给他剃了头发,套上镣铐,然后逃遁而去。第二天,衙役转醒过来,看了看身上的衣服和镣铐,摸了摸光秃秃的脑袋,自言自语道:

"和尚还在,我去哪儿了?"

哈哈!哈哈。哈?……放在今天,大概没人会觉得这个笑话好笑——很多笑话之所以好笑,是在于其荒诞性,而当人们意识到自己也是荒诞的一部分时,自然也就笑不出来了。第一起现实版的"我去哪儿了"发生在十年前。一位中年男性在做了皮下工程之后,发现自己的身份丢了。他的客服没有按规定将面部更改数据同步到人脸识别服务器,而是通过同样的方法把自己整成了顾客原来的模样——在以AI人脸识别为主要身份认证方式的社会体系中,和尚成了衙役,衙役成了和尚。试想,当你一觉醒来,发现自己无法登录增强视域,无法和别人通信,无法支付和交易,无法就医,无法使用城市交通系统……你气喘吁吁地跑到公安局报案,可就连公安局的数据库都没法匹配你的面部特征,确认你的身份,还会煞有介事地问你:你怎么证明你是你自己?

我想总会有那么一两个瞬间,你将陷入哲学性的虚无,然后摸着脑袋自问:

"和尚还在,我去哪儿了?"

在短时间内,这样的事情接连发生。人们终于意识到,在面部可以被轻易修改的年代,脸不再是绝对可靠的身份认证方式。然而在当时（现在亦是），整个社会的运转、个人身份的确认都依赖于AI人脸识别，总不能因为几起个案就推倒一个为亿万人提供巨大便利，而且行之有效的技术体系吧？

识脸师这个职业应运而生。

"这张，还有这张，"我用视点从几十张照片中挑出两张，"这两张是同一个人。"

吕星橙眯着眼睛看照片："不会吧，这你都认得出来？"

我直着后背，摊了摊手，隔颅式脑部扫描设备令我动作僵硬。

吕星橙眼神直勾勾地看向前方，那是他在浏览增强视域的分析数据。"颞叶中的选择性神经元、枕骨面孔区和梭状回面孔区极度活跃，但似乎你的躯体感觉皮层、初级视皮层、额叶皮层和海马体也在全力工作……"

"喂，"我艰难地偏过头看他，"您还没告诉我我认对了没有？"

"有意思，"他用手指挠着青灰色的下巴，"也许AI人脸识别模块不应该仅仅拘泥于重现面孔区的连接组结构，它还应该考虑记忆的调用和多个功能区的互动……"

"喂！"

"哦。"吕星橙如梦初醒，"你认对了，你当然认对了，你怎么可能认不对？"

说完，他为我取下了沉重的头盔，告诉我可以继续工作了。我如蒙大赦般溜回工位，在那里，还有一百多张脸在等着我呢。由于这样那样的原因（当然，绝大多数是因为皮下工程），AI对这些面孔的认定存疑，于是便交给识脸师来完成最终鉴别。每一天，"千面"App都要完成数百万次人脸认定,被深度学习方法训练出来的AI精于此道,准确率接近百分之百。但"接近"和"等于"之间还有一道巨大的鸿沟:对于发生过大幅变化的人脸,AI的首次认定成功率不高。算法始终用一种精确的空间逻辑来理解人类面部的版图,而当版图发生剧烈变动时,既定的逻辑关系便告失效,AI当然会无所适从。

还好,有识脸师,社会稳定和相互信任的最后一道防线。吕星橙一直想要知道,我是用什么方法认出一张张陈年的、缺乏个性的或者面目全非的脸。我想对于他来说,很难接受这世界上有"算法"以外的存在。该如何向这个人解释,我能在大海中找出特定的一滴水,全靠一种说不清、道不明的感觉呢?那滴水肯定有与众不同的地方,一种不会随着皮肤、肌肉和骨骼的变化而变化的地方,但那地方在哪里,是什么样的,我也不知道。

"直觉。"好看而乏味的吕星橙总结道,"那是在你的大脑皮层深处运行的算法。"

"好吧。"我说。

"我会找到这个算法,"吕星橙激情满满地挽起我的手,"叶小晨,走,我们去实验室。"

就这样,我(后来又加入了几位同事)扭扭捏捏地承担起了一项新工作,那就是接受脑部扫描设备(以及吕星橙)的分析。"千面"的最终愿景,是让人工智能彻底取代人,进一步提质增效,优化人力资源结构(呸!到那时哪儿还有什么人力)。这项工作在一个月前骤然放缓,原因是"无面者"突然对所有人脸识别产品发动了无差别攻击。现在,除了我以外,所有识脸师都被牢牢钉在了工位上。

也好。我自暴自弃地想，至少在扛过这次危机之前，我应该不会失业了。

"小晨？"

我身体后仰，看到阿灿从工位支出的半张脸。

"那个投诉狂人。"阿灿瘪着嗓门说。

"怎么了？"

"我受够了。"阿灿比了个抹脖子的手势，"我要把她干掉。"

"别闹。"我说，"再说了，你也不知道她是谁啊。"

阿灿挤了挤眼睛，又对我抖了抖手指，发来一个数据请求。我用视点选择"查看"，增强视域里进来一张照片。

"这啥？"

"投诉狂人的账号注册照片。"阿灿说，"我跟客服中心的小丽要的……她说她不能泄露客户信息，我说我只要一张照片，别的啥也不要。"

"咳。她不知道你是识脸师？"

"爱情令人盲目。"

"得了吧。"我想了想，"你认识这个人吗？"

"没见过，"阿灿承认道，"所以我才需要你。"

"需要我做什么？人肉？"

"拜托！你就没有一点点起码的好奇心吗？"

我叹了口气。看阿灿给我的照片似乎和我的职业道德相悖，但我此刻真的被这小子勾起了满心好奇。"千面"App被攻击后，AI算力骤然下降，提交给识脸师的鉴别请求数量扶摇直上。然而对处于应用链最底端的一般用户而言，这顶多会造成身份认证的延迟，从而带来些许不便而已，所以投诉很正常。但一个人每天投诉个一百来次就……比较奇怪。总之，这些不得不处理的投诉对识脸师来说也是巨大的负担。是什么样的人，会如此依赖识脸师，又对识脸师如此残忍呢？

我点开了照片。

十几秒钟的沉默。

"怎么样？"阿灿把脸直接探到我的工位，满脸的雀斑如星斗砸向了我，"见过没？"

我摇了摇头。

阿灿翻着眼珠看我："你再好好想想。"

"真的没见过。"

"唉，"阿灿一脸浮夸的遗憾，"看来正义又要迟到了。"

"迟到就迟到吧，"我按着他的额头，将他的脸推开，"去找你的小丽撒娇去。"

"必须呀，"他抹了一把油腻腻的刘海，又冲我吐了吐舌头，"你个死光棍儿。"

想象一下，你走在熙熙攘攘的人群中，你身边的每一张脸都没有细节，像被抹平的水泥板。这些水泥板有大有小，有各种形状，方的、圆的、尖的、鹅蛋形的；这些水泥板交谈、争吵、叫喊、哭笑间或发出刺耳的喉音，再朝地面啐一口不雅的黏痰；这些水泥板留着各式发型，架在各色各样的衣服上，穿梭在高大的楼宇间，拥挤在菜市场、公园和医院；这些水泥板挤进一个又一个透明的中央集控式交通单元,奔赴城市的各个角落(你可以进一步想象它们整齐晃动的情景);这些水泥板醉入夜色,在璀璨的霓虹中徜徉,被璀璨的霓虹点亮,向璀璨的霓虹遁逃……

这就是我眼中的世界:一座无面之城。这座城市或许阴森诡异,但在这里,我至少不会被铺天盖地的信息淹死。我需要"千面",它为我抹平了人类脸部的细节,只保留必要的信息。如果某块水泥板是我标记过的人或者与我发生过交互作用,比如被我踩到脚趾的彪形大汉,它便会被还原成真实的人类面孔。

当然,在人员相对较少的环境里,我会关闭这款App,毕竟,即便孤僻如我,也不想整天对着水泥板工作和社交。

不得不承认,"千面"拯救了我——虽然它也让我对住在同一个小区的韩若诗视而不见。没错,韩若诗就是那个投诉狂人。我对阿灿撒了谎。看到照片的第一眼,我就认出了她,那个和我做了一年同桌的女孩儿。我记得她的名字,她的声音,我记得她对我说过的每一个字,她身上发生的每一件事。

我还记得,我喜欢她。

所以此刻我手握小丽塞给我的纸条(上面写着韩若诗的家庭住址和社交号,还有"加油""Fighting"之类的鼓励,看来爱情故事比爱情本身更让客服中心的小丽盲目),坐在小区一处视野良好的位置,身后凉亭里联机打游戏的大爷大妈们正大呼小叫着诸如"上分"啦、"打野"啦等等老掉牙的词语(倒是很配白发蔓生的水泥板)。我皱着眉头将韩若诗的照片导入"千面",然后设置成"例外",这样当她从我面前走过时,我看到的就不会是水泥板。

我想要再次见到她的脸。然后我要当面问问她,为什么每天投诉我们那么多次？

过了大半天，大爷大妈们都已经收起小马扎回家了，我还是没有等到韩若诗。现代人可以足不出户地完成生老病死，但我不相信她会这样。没有逻辑上的推演，这只是一种……

直觉。

深秋的夕阳点燃了我身后的九重葛，湿漉漉的寒气从四下里悄然围了过来。我从石凳上站起，揉了揉僵硬疼痛的屁股。小区里来往着一张张水泥板，和我近在咫尺却没有任何关系。看来直觉也有失算的时候。我决定放弃一天的坚守，回家。就在我转过身时，我瞥见了水泥丛中的一抹微亮。一张包含所有细节、连接了过去和现在的脸。

韩若诗出现了。

高一那年，韩若诗转来我们班。她是个长得小巧可爱的女生，鹅蛋脸，齐肩短发，左右眼一单一双，两只耳朵时而从头发中探出小小、白白的一截，像海中的浮岛。她总是低着头，不得不抬起头说话时，她会迷茫地看着你，目光的焦点不停跳跃，就好像与她面对面交流的是一团云雾。

她独来独往，没有朋友。

其实，我当时的处境也好不到哪儿去。那时候还没有"千面"，而我也还不懂得如何在人脸的丛林中保护自己。在这所几千人的学校，每一张脸都对应一个文件夹。每当我置身于这个混沌的文件系统，毫无条理的信息就如雪崩般向我砸来……躲进教室稍好些，文件系统会向纵深发展。对于身边的同学和老师，我记得他们的每一件糗事,每一次争执与龃龉,每一句不曾兑现的豪言壮语……而我总会挑个不恰当的时候把它们都摆出来。

没人愿意和这样的人交朋友。

所以把两个没朋友的人安排在同一张课桌上再合适不过。

"我想起你了,"当我们在小区步道上并排走完第二圈时,韩若诗说,"你是绿夹克。"

我的脸一下子烧了起来,凉飕飕的晚风也无法降温。高中时,老爸秉承艰苦朴素的光荣传统,把他的一件绿色旧夹克(那时我还觉得挺帅的)淘汰给了我。"反正你们平时都穿校服。"老爸笑嘻嘻地说。呃,那个,我们也有不穿校服的时候,而在这时候我就只有一件自认为挺帅的绿夹克。

"扎心了。"我捂着心口说,"你竟然只记住了这个。"

她依旧低着头:"对不起。我是脸盲,真的脸盲。"

"呵,那些懒得去记住别人的人都这么说。"

她停下脚步,转过头,停在我脸上的目光依然像是在探索云雾。

"你不是想知道为什么我一天投诉那么多次吗?这就是原因。"她说,"我需要'千面'帮我认人,所以我没法忍受延迟。你应该清楚,在社交规则中,几秒钟的延迟就会造成很多麻烦。"

我的心里"咯噔"一下:"所以那个传言是真的……"

"我只能靠衣服记住你。"她低下头去,"对不起。"

"没事儿,没事儿,"我挠了挠头,"绿夹克总比绿帽子好。"

我们继续走了起来。女孩告诉我,那件事之后,她的父母怕她在学校受欺负，就给她办了转学。之后她考上了大学。虽然无法辨识人脸，但在平面设计领域，韩若诗却展现出了天赋。完成专业课程顺利毕业后，她回到这座城市，一直从事设计工作……说话间，星星悄悄爬上靛蓝色的天幕，橙色的路灯光芒氤氲着远方的天际线。小区里的灯光渐次点亮。当水泥板都隐藏在算法之后再次变回有血有肉的人，无面之城也柔软起来。我喜欢此刻的感觉——此刻，一个娇小的、带着一丝若有若无香味的女孩走在我身边，人间烟火突然有了确切的意味，有了可爱的温度和质感。

"多亏了'千面'，我才能在社会上立足。"韩若诗裹紧领口，细白的脖颈上浮动着朦胧的光晕，"其实挺讽刺的，我们一边在担心被人工智能抢走饭碗，一边又必须全身心地仰赖它们……"

"你没做过皮下工程。"我没头没尾地说了一句。

"作为一个对脸没有任何感觉的人，改变它又有什么意义呢？"

也好。我默默地想，这张微瑕却因此更加好看的脸确实没有改变的必要。我能辨别出人的脸上某种在变化中坚如磐石的东西，但有什么能比"不变"本身更为坚硬呢？

"对了，"她转过头，目光里依旧是一层薄雾，"你刚才说，你是'千面'的识脸师？"

"UNSW（新南威尔士大学）脸部测试的最高分是由我创造的，至今无人超越。不干这份工作简直是暴殄天物。"我挺起胸膛，"而且，我有充分理由怀疑自己还是个超忆症患者。"

"超忆症？"

"我能记住很多事情，尤其是和人的脸相关的。"我想了想，又补充道,"想忘也忘不了。"

"哦。"她轻声说,"那一定很辛苦吧?"

我愣了一下:"对,是挺辛苦……"

又默默走了一会儿,她忽然掩口而笑,还用水盈盈的眼睛瞄我。

"怎么,"我美滋滋地问,"见到我这么开心?"

"不是,"她敛了笑意,脸上依然有碧玉般的柔光,"我在想,一个脸盲,一个超级人脸识别者,整整一年的同桌——真是一对奇妙的组合。"

"组……组合吗?"我的声音微微发颤。

她停下脚步,把手轻轻搭在我的手臂上。"绿夹克,我要回家了。很高兴见到你。"

"我也很高兴。"我舔了舔嘴唇,两指在空中一划,向她递出一张虚拟屏幕,"那个,我叫叶小晨,能加你的社交账号吗?"

"好家伙。"阿灿说。

"好家伙。"我说。

吕星橙的脸上浮起奸笑。

我和阿灿看着"叶小小晨"(没错,这就是理工直男的命名趣味)处理打着问号的面孔,心中满是惊惧。那一张张曾经深奥难解的器官组合现在成了"叶小小晨"大显身手的舞台,到目前为止,它还没有认错一个人,速度却比我们快了许多。

"怎么样?"吕星橙问。

"吕总,"阿灿说,"这个月的工资能提前结一下吗?"

吕星橙站起来，左右手分别按在我俩的肩膀上："不急，测试完再说。"

呸！我对着背手悠然而去的吕星橙暗啐一口。这家伙看来真的要兔死狗烹了。"叶小小晨"是以我为原型设计出来的人工智能，除了常规的深度神经网络脸部识别模块，它还使用了E.T.（Encephalon Tech）公司开发的全脑模型。吕星橙设计思想的"最后一跃"，是在脸部识别模块和全脑模型间建立双向折返式通路，而各个脑区间的通信路线、编码规则和层级结构，则大量借鉴了我在鉴别人脸时的脑部动态扫描数据。大言不惭地说，我确实是天赋异禀之人，我的复制品"叶小小晨"打一出生，就迅速抹平了算法与人之间的鸿沟，把人脸认定的准确率提升到了100%。也怪不得吕星橙在产品发布会上口出狂言，说"千面"即将把看脸的时代推向一个新的高度——一个即便是识脸师也无法企及的高度。

"千面"的用户数和股价随后经历了一轮暴涨。

"兄弟，"我拍了拍阿灿的肩膀，"千万不要恨我。"

"嗐，都是早晚的事儿。"阿灿耷拉着眉梢，"小丽那边还能坚持一阵子，等吕星橙把话术大师们的大脑也琢磨透了，她也要卷铺盖走人喽。"

沉默了一会儿，他补充道："没关系的，都一样。"

我叹了口气。

"哎，我都听小丽说了，"阿灿忽然用手肘捅我的肋骨，"你和那个投诉狂人搭上了？"

"你这话我可不爱听了，"我没好气地说，"什么叫投诉狂人？什么叫'搭上了'？"

"得,这就翻脸了。爱情令人盲目。"阿灿露出瓜农面对丰饶瓜田时的慈祥微笑,"你们进展到哪一步了?"

"就,逛逛街,吃吃饭,聊聊天呗。"

"逛逛街,吃吃饭,聊聊天……啧啧,还挺古典。"阿灿又腻乎乎地贴了过来,"你们就没开发开发别的项目?"

"无可奉告。"我一把将他推开。男人的自尊心不允许我实话实说——我怎么可能告诉这个猥琐的家伙,除了逛街吃饭聊天,我和韩若诗最热衷的约会活动,是在傍晚时分翻进学校围墙,觅一处昏暗角落,并肩席地而坐,对着灯火通明的教学楼傻笑?我们并没有精神失常,只是回忆起了太多辛酸的快乐。是的,透过明亮的玻璃窗,我总能看到过去的人影在教室中来来往往,而当我将一张张面孔附着在身影之上,回忆便滔滔而下。我会带韩若诗重新经历她因为认错同学而屡屡遭遇的尴尬,经历运动场上将球传给对手时乍起的哄笑,经历我们在同桌期间为数不多的目光交换和小心翼翼的对话……十六岁的我们在试探中勾勒彼此的轮廓,像岩石不断确认云团的边界。如今,那一年中所有的疼痛、迷惑和延宕都有了解释:她是超级脸盲,而我是超级人脸识别者,她无法读取的信息,是导致我死机的递归代码(函数在运行中调用自身)。

我们还真是一对奇妙的组合。

"告诉我那是什么感觉。"

我望向站在婆娑树影中、我喜欢至今的那个女孩,望向碎在她眸子里的星星和月光。远处,少男少女们下了晚自习,清脆的笑声在寒夜中浮起。

她回看着我,目光不再飘忽不定:"感觉?"

"认不出人脸的感觉。"

"嗯,让我想一下——"她用手指搔了搔鼻尖,"吃们下我饭去等。等下我们去吃饭。给你五秒钟时间,你能记住哪一句?"

我不假思索:"当然是后面那句。"

"为什么?这两句话的组成元素可都是相同的。"

"因为,因为——"一个长长的停顿后,我似乎明白了,"后面那句话有意义。"

"不错,虽然都是五官的组合,但人们的脸在我看来,和前面那句话一样毫无意义。"她轻叹一声,"这就是我的感觉。"

我僵硬地点了点头:"……我懂了。"

"懂了就好。"她粲然一笑,然后轻轻挽住我的手臂,"你知道吗?叶小晨,遇见你以后我才明白,这么多年来我其实一直在等待一个人,一个能让我心甘情愿地记住'吃们下我饭去等'的人。虽然这串字符没有语言学上的意义,但对我来说,它代表了某种比语言更深刻、更无可取代的东西,它是早早写入我灵魂的乱码。"

我的头皮发麻,双腿发软,世界在轰隆隆地离我而去。

"不过啊叶小晨,"身边的女孩话锋一转,"你下次能不能不穿这件夹克了,对我有点儿信心,我正在努力记住你的这一串字符呢。"

我尴尬地清了清嗓子。虽说从高一到现在我的身材没有发生太大变化,但除了动作僵硬得像个木偶,身上这件古董夹克被撑爆的担忧也一直如阴云般在我心头盘亘不去。

这下好了,我和我的绿夹克都可以松口气了。

"那以后别叫我绿夹克了。"

"好的,叶小晨。"

说完,她歪着头靠了过来,靠在我忍辱负重的绿夹克上,她尖尖的耳廓破开绸缎似的黑发,如夜海孤帆……

"——喂喂喂!叶小晨!无面者在@公司的社交号!快看!"

阿灿的大嗓门把我从那个美好的夜晚拉了回来。他激动地比画着手指,动作幅度之大,差点儿戳到我的眼睛。公司的社交页面被分享到增强视域,一张硕大的、倒三角形的空白面具填满我的视野。

面具找了一下镜头,然后开始瓮声瓮气地说话:

上帝欲使其灭亡,必先使其疯狂。"千面"!说的就是你们!(无面者挥舞着黑色的手臂)最近的饱和攻击都阻止不了你们在毁灭的道路上越走越远!我们早就提醒过所有人,建构在单一身份认证机制上的社会是极端不稳定的,这种情况必须被纠正。然而你们不仅不迷途知返,还变本加厉。你们最近推出的那个什么"叶小小晨"(我心中一凉),就是要把全部的不稳定因素都系于人工智能脸部识别这根细细的纤绳之上("文采还挺好。"阿灿评论道),你们这样做,是极端不负责的!(一个停顿。无面者的语气缓和下来)我们知道,温和的规劝对贪婪的资本起不到任何作用,所以,我们决定集中全部力量,对"千面"的服务器发动组织成立以来最大规模的一次攻击。以下是关于本次行动的一点提示,勿谓言之不预:

我们将在下星期的某一天对服务器发起攻击,为了免除你们惴惴不安等待的痛苦,攻击的日期将会出人意料。

以上。

视频结束。

我和阿灿面面相觑。

"什么意思？"阿灿眨巴着眼睛，"一个谜语？"

"简直是神经病！！！"

吕星橙的办公室里爆发出一声非人的嘶号，又接上一阵噼里啪啦的乱响，我们相对缩了缩脖子，如同镜像。待技术官那边的风暴稍歇，阿灿凑近我，一脸的唯恐天下不乱："哈哈，气死他！不瞒你说，我挺认同无面者的理念的，人类怎么能任由算法骑在头上拉屎！就该搞点事儿出来，越大越好！有句古话怎么说来着？"他高举双臂，"让暴风雨来得更猛烈些吧！"

"可是暴风雨大概永远都不会来了。"我说，"冷静下来的吕星橙做了如下推理：无面者不会在星期天发动攻击，因为如果一直到星期六他们都没有发动攻击，我们就能推断出攻击将发生在星期天，那么攻击就不会出人意料，所以星期天可以排除；但如果星期天被排除，依据同样的逻辑，星期六也将被排除——以此类推，这个星期的每一天都可以被排除。"

阿灿很失望："原来并没有什么暴风雨。无面者根本就不打算发动攻击，他们只是开了个虚张声势的新年玩笑而已。"

增强视域那一头的韩若诗低眉思索："所以你们就全员放假了？这么做真的不会有什么问题吗？"

"我们全心全意相信吕总的逻辑能力，"我对她挤了挤眼睛，"再说，有'叶小小晨'在，我们这些识脸师也没什么事可做呀。"

"哦。"

"那么说好了，今晚人民广场，不见不散。"

"好……"

我察觉到了女孩的犹疑："若诗，你在担心？"

她咬着嘴唇，不说话。

"放心吧，你现在有'千面'，还有——"我的心脏有力地跳了几下，"我。我们不能总生活在过去，我们还要去未来。"

所以没有比这更好的机会了。我一边想，一边端详她的眉毛、眼睛、鼻子、嘴唇，她皮肤上微渺的光芒、细小的褶皱、岁月的纹路。她脸上的每一个细节都包含着更多的细节，像无穷无尽的分形。我爱这张脸，爱它所有几何上的可能性，爱它蕴含的无穷无尽的信息，即使这些信息如大水漫溉，我也会心甘情愿地跳进去。

所以没有比这更好的机会了：在人潮汹涌的跨年夜，我要和这张脸一同走向新的一年。

"好吧，叶小晨，"她认命般地垂下眼睑，"今晚人民广场，不见不散。"

然后就是漫长的等待。好不容易熬到下班，我急急跑回家里拾掇自己。我洗了一个打出生以来最细致的澡，将每一个毛孔都腌渍得暗香浮动，然后光着屁股，哼着小曲，用剃须刀、鼻毛剪、吹风机和洁面仪把自己弄成一件闪闪发光的金属工艺品……当然工艺品大多数时候也需要包装。我兴冲冲地跑到衣柜前，挑拣今晚的穿戴，那件绿夹克就在我的手指滑动间挤入眼帘——我愣了一下。在一众时尚挺括的衣服当中，它是那么寒碜，和"帅气"两字完全搭不上边。可我却一直留着它，就好像我知道我和韩若诗终会重逢，而这件绿夹克就是连接我们两个的桥梁。

"绿夹克，我找到你了。"

十四年前的韩若诗在水面下看着我，目光的焦点依然在我的脸之外。那天学校秋季运动会开幕式，几千人乌泱泱聚在操场上。所有人都穿校服，我却头脑短路穿了那件自认为挺帅的绿夹克，被老师铁青着脸拎到了队伍最后。本来天气晴好，校长冗长乏味的讲话似乎触怒了天庭，我眼睁睁地看着乌云在头顶急速团聚，又攒成乱拳砸了下来。操场上一下子乱了套，几千件一模一样的校服冲向教学楼避雨。我想这时我和韩若诗眼中的世界都差不多：漫天的雨，在雨中涌动的无数张脸。噪声或者过饱和的信息在我们的眼中造成了同样的空白，我们同时置身于一座微缩的无面之城。那一刻我看不到她，看不到任何人，我被人群裹挟着，不知去往何方。

忽然，有人握住了我的手。

"绿夹克，我找到你了。"

是韩若诗。她用被大雨淋湿的目光看着我。现在我明白了，我身上那件绿夹克是当时她唯一可以辨识的一块路标。其实对于我来说，她的脸也是。我们抓住了彼此，便不再随波逐流。

我们成了留在操场中最后的两个人。

……后来的遭遇不必多说。结果是韩若诗选择了转学，自此音信全无，而我留在了一座恶意渐深的城。这件事成了青春期的一道伤疤，我们正是在这道伤疤上艰难重建了生活。

绿夹克是这一切的见证者。

"放心吧老伙计，"我轻轻捋了一下绿夹克的手袖，"我要狠狠踢你的屁股！我会找到属于我的幸福的！"

人民广场。人流如织。薄云被霓虹映亮，呈浑浊的藕荷色。距离十二点的焰火尚早，水泥板却已汇成海洋。我在广场西口，韩若诗在广场东头。我们向彼此的定位摸索而去。

"若诗，你还好吗？我马上过来了。"

"还好。叶小晨，我好久都没有见过这么多的人了……"

"别怕，有我在呢——"

增强视域里突然猩红一片——是紧急呼叫。阿灿的雀斑脸挤掉韩若诗，塞满我的视野，背景同样是人山人海，我猜他大概正和小丽在人海中泛舟。

"小晨，吕星橙错了，我们都错了！"

"错了？什么错了？"

"推理错了！"阿灿兴奋得眼皮直跳，"我想起来了，无面者玩的是意外绞刑悖论！"

我侧身躲开一块迎面而来的水泥板，继续向前。"意外……绞刑？"

"简而言之呢，"阿灿说，"当我们认为攻击不会发生时，发生在任何时候的攻击都将是出人意料的！"

我卡了几秒钟的壳儿。

"明白了吗？"阿灿的两眼放光，"跨年夜，焰火表演，如果我是无面者，现在就是制造暴风雨的最佳时机——"

我一个趔趄，视点擦过韩若诗的通信头像。攻击恰恰在此刻开始。"千面"App闪退，一整座城池迅速褪下水泥外套，向我露出了它的真实面容。人脸，无数的人脸，那些曾经擦肩而过的，那些有过一面之缘的,那一张张在小小的地理容器里、被三十年的时光搅拌成高熵状态的人脸,一下子拥到了我面前。我闭上眼睛,肺部的空气却依然快速流失。"千面"的崩溃是倒下的第一块多米诺骨牌,人脸认证失败令整座城市瞬间脸盲,而暴涨的通信请求则使增强视域网络陷入瘫痪。我感觉到肢体的挤压,我听见周围潮起的尖叫、抱怨和咒骂。忽然,眼睑后漆黑一片的世界被五彩的光映亮,头顶随即几声爆响。惊呼声四起。我想那是焰火的控制系统出了问题,新年就这样在一片混乱中提前到来。

我和韩若诗的新年。

她现在在哪儿?

我强迫自己睁开眼睛——

漫天的烟花之下,我什么也看不清。在依赖"千面"多年后,我已经无法承受如潮的人脸。洪水漫了上来。我衔着最后一口空气,伸开手,摇摆着破浪而行。焰火正炙,而我的清醒正在一点点熄灭……

若诗,你在哪里?

有人在水面之下抓住了我的手。我用掌心识别出了那只手的纹理。

"我今天没穿那件绿夹克,"我说,"害你一顿好找吧?"

一朵灿烂的花在夜空中盛开。我的手被轻轻捏了一下。

"没关系,我已经记住你的'吃们下我饭去等'了。"

顿了顿,那张脸凑近我耳边说:

"叶小晨,我找到你了。"

唐 歌 | 悠总

  永州西山北面高地一处凉亭内，日上三竿，炎风一阵又一阵，吹得柳宗元烦躁不已，忽见一老叟远远招手。发现柳员外已等候多时，老叟自觉惭愧，便小步跑来。河东先生起身相迎。

  柳宗元今天要约见的这位，竟自称是他《小石城山记》中提到的"智者"。

  在永州，柳宗元的政务并不繁杂，此地本就人烟稀少，游山玩水成了他最大的爱好。在永州，他也得以小范围地施展自己的政治抱负，免除苛捐杂税。

  但是宦官的毒害，他根本解不了。宦官集团已经彻底破坏掉他同僚们的革新，朝宇被把控，民不聊生，社稷凋敝。

  刚偃旗息鼓的永贞革新中，因他主张弊除宦官集团而得罪宦首俱文珍，被一贬再贬落得永州为官的下场。

  但无论从政何方，百姓总拥戴柳宗元。

  "河东先生好。"智者行了一身标准的官礼，柳宗元甚是惊讶，一身农夫扮样的老叟是如何熟知这套官场做派的。

  "老先生怎么称呼？"

  "河东先生《小石城山记》中所述的智者，便是我等最好的称呼。"

柳宗元大笑:"智者先生约我今日相见有何事?"

"听闻有渔夫陈情于您,说白天行船至此地,屡有白烟升腾,渔夫望官府彻查此地的蹊跷之事。"

"确有此事,我正筹划准备查勘一番,保证百姓行船安全。"

智者只一笑,朝远处的潇水河畔指去。柳宗元见几缕青烟并非从茅屋中冒出,而是从石头缝隙中喷射而出,大惊而起:"先生知晓这青烟的来历?!"

智者点点头:"自《山海经》初稿撰写以来,此处竟毫无沧海桑田变迁,而你我之命中注定,早已在此处落定。"

"是何物已注定?"

"先生看看便知。"老叟遂邀请柳宗元一同前往探访。

"河东先生这边请,小舟已备好。"老叟引路,两人去向潇水河岸边。

"无土壤而生嘉树美箭,益奇而坚,其疏数偃仰,类智者所施设也。"

正处学生期末迎考阶段,两个初中生正在互相背诵诗文,其中一个很不解,缘何好友在背诵这学期期末并不考核的篇目《小石城山记》。

"山上没泥土,却长着很好的树木和竹子,分布疏密有致、高低参差,像是智慧之人特意布置的。"同桌神神叨叨。

"这些是柳宗元排解自己的苦闷有感而发的。"

"我不信。"这学生还是坚信有外星人在那里出没。

"世界上没有造物主,你别瞎猜了。"

"是一股来自东方的神秘力量。"

海客就住他们楼上,土砖建筑的上下层之间隔音不太好,听到学生的对话,他觉得很好笑,但仔细一想过往,又失落起来,愣神良久才想起魏洛英请他速回印染社商议大事。

他从来没有对魏洛英透露过此住处,租金都是自己每月从月供份子钱里拿出一部分,才维持着这处弄堂里小作坊的运营。

魏洛英极不好糊弄,因此海客得严格保守住这个地方,不让考古队进驻小石城山遗址。刚过半个多月,就落了两场雨,一场九天,一场六天,虽延缓了些挖掘进度,但一本闻所未闻的著作《山海经注》的出土,仍是极其重大的发现,其中内容弥补了盛唐时期建筑工艺等方面的缺失。

而魏洛英恰好精通古典文献和古汉语,她长相剔透玲珑,是远近闻名的业余学者,但因为没有学历和文凭,不能在研究所帮忙。

魏洛英大雨天给康凯的考古队送去了一批搭棚材料和棉布,康凯非常感激,两人终于约上一顿饭。

魏洛英实则有事相求,她得知《山海经注》这本书很是奇特,整本书竟未使用大唐官话书写,而是用当时唐代时期永州方言的音译书写,似乎有意避免流传。历史上从来没有过这一笔记述,所以康凯无从考证这样罕见的音译本意欲何为。

魏洛英曾好几次提及想看看残卷的真迹。为了试探康凯,点菜时她朝服务生说了些很怪异的话:"切郭森悠儿片,一碟米美儿饭。"

服务生听罢一脸错愕,看看康凯,完全没明白魏洛英究竟在说什么。康凯懂不少唐音,解释道:"一碟生鱼片,一碗白米饭。"

可他听起来觉着不像盛唐早期的长安官话，其中夹杂着不圆润的儿化音，部分词尾重读闭音节非常浓重，可能吸纳了不少西南方言发音元素。

"抱歉啊，我们这小地方哪来的生鱼片……只有永州当地的河鱼。"服务员指了指菜单，上头全是烤羊腿这类内陆省份的硬菜。

"那就来点羊肉串和清酒。"

魏洛英试探出康凯研究过唐音，便不急于询问《山海经注》的事。

得知魏洛英也精通盛唐的文化和器物，康凯的话匣子就打开了。魏洛英只喝了些清酒脸上便泛起红晕，康凯见状问："魏小姐上次问我《山海经注》，有什么目的吗？"

魏洛英单手托着红脸，鼻翼两侧的皮肤，渗出点点红斑，她眨眨眼："我想瞧上一眼，只一眼，开开眼界就行。"

康凯笑着摇摇头。

"我就饱饱眼福即可，绝对不碰，也不带走，隔着保护罩子看看就行。"

"不可能的，这些都属于国家，我们要先保护，通过先进技术手段进行历代汉语的翻译，再将它最原本的面貌呈现给世人。"

"现代技术，甚好……"魏洛英说罢，便头一歪假装晕倒，干呕着吐出一肚子食物，康凯不知所措，好不容易和服务员一起才把她抬上车。

凭上次送她回家的记忆，他开车找到永州市区的一栋砖砌三层小楼，大门紧锁，门套侧面一行不起眼的正楷书写着"洛英印染合作社"。

康凯见房里没开灯，便在车里等，扭头发现魏洛英外套第一粒扣子没了，一层面料轻薄的里子透了出来。康凯本就是丝织品鉴定专业出身，他起了疑心。

这面料的拉边处理工艺仿唐水准极高，绒绸内衬料子的缎面借着月光，映衬出丝滑如流水的光泽。

康凯越发好奇这位魏姑娘的来头，这哪是普通身家姑娘用得起的面料！

魏洛英忽而被惊醒，胃里剩下的菜和肉糜全吐在康凯的裤子上，康凯手忙脚乱捯饬完，只得背她上台阶。

刚想走，海客正好回来，便开门请他进来。两人将魏洛英安顿好。

房子没有吊顶，管道和线路肆意裸露，地面铺满暗红小方砖，一脚踩下去嘎吱作响，墙与墙的交会处有拇指宽的缝隙，没有可爱的配饰，也没有小资的家具，整个装修冷冰冰，不带一丝人间烟火，仿佛是刚挖掘出来的考古现场。

这不像个正常女子的住处。

海客朝康凯鞠躬，他敞开两袖，一阵微风，扑面而来的是阳光浸润后的桑蚕丝清香，康凯一步步退却到门口。

"我只瞧一眼《山海经注》真迹，你要什么我都答应。"

话语间，两只白皙的手掌从康凯肩胛骨位置伸出，康凯大惊，猛转身，见魏洛英两鬓垂下剪刀般的发绺，微醺的脸颊不知何时褪去红晕，她一身明黄色团凤霞帔，下身齐腰百褶裙。

康凯赶紧想要去开门锁，但怎么也转不动。

"考古这件事就是这样，挖出好的呈现，挖出违背历史的东西或许就很难言说了。"

"你……什么意思？"

"你不答应我，明早你的事就见报。"

魏洛英扔了一地大小照片，康凯这才发现她早已跟踪自己行踪数月，自己倒卖些零碎文物残件照片的事，她都已经掌握证据。

"送客。"魏洛英吩咐，海客解开门锁后微微一笑，并不愿送康凯。康凯慌慌张张地，连开车来的事都忘记了，跑了很久才又回来取车。

海客说给魏洛英听，她笑了半天。

"他会答应吗？"

"等他来找我。"

"他可不好对付。"

魏洛英也同意，提醒海客这次接近康凯的机会来之不易，海客懂，也不再多言。

第二天中午，康凯给魏洛英打电话，表示可以给她看一眼，但仅仅是拍照，到现场来看是不可能的。

海客让魏洛英不要太过，有照片就行了，早点了结这件事为好。魏洛英收到照片，让海客去照相馆特地提高了对比度后冲印出。她对着照片，将残卷的每个字都记在绢布上，随即烧了照片，连带着跟拍康凯的那些照片也一把火烧了。

"谢谢。"魏洛英回电。

"希望你遵守诺言。"

"我这辈子都在遵守一个诺言。"魏洛英挂断电话，删除了所有和康凯的联系方式，她吩咐海客印染社休业一天不接客，自己要好好解析残卷上的字句。

深夜,海客轻轻敲门,魏洛英仍旧端着放大镜,右手不停地记着像二进制代码一样的数字。

"老大,写了什么?"

"唔,小石城山。"

"啊?"海客有些惊讶,也伏在桌子上一起看,他想起前些日子自己住处两个初中生的对话。

"我现在能破译出来的内容,说柳宗元的《小石城山记》记载的地址,应该有一入口。"魏洛英指着笔记本上的一段话,"你看柳宗元记载有一句话,明明没有什么土壤,但是树木棵棵挺拔,这不正常,当时永州的人口稀少,谁来修剪这些树木呢?"

"无土壤而生嘉树美箭……类智者所施设也。"海客几乎天天夜里都能听到那个男生读《小石城山记》,自己也就背下来了。

"柳员外或许并不是想象,而是写实手法记录的这句话,他可是一个实务派,不是什么天马行空的浪漫主义作家。"

海客震惊之余,觉得动力十足,也想帮上一手。他是个"永州通",周边大小地域和来历他都略知一二。

"残卷上有写入口地址吗?"

"明显有暗示,但是还需要几小时才能破解这些唐音,因为这是永州古方言,解析一个字需要很久,还需要大量推测。"

"我帮您梳理永州周边地图吧,这样进度快一点,您说一个关键词我来筛选。"

"好!"

魏洛英摘下黑框眼镜,海客恍惚间觉得,其实她就宛若盛唐公主般,些许孤傲,却毫不遮掩那般落落大方。

"我有个疑惑,当时大唐官话,上古流传下来的字句是不多的,但是为何这本书这么多,就仿佛是另一本《山海经》,但成书年代是盛唐时期,似乎作者在故意打乱读者阅读思路。"

魏洛英破译起来颇费周章,每一个字都要进行好一番考证和查验。海客虽然懂一点古汉语方言,但远不及魏洛英精通,她都不行,那没人能帮得了。魏洛英咬咬牙,打算干通宵,起码把关键词找到,海客才能着手筛选地址。

天微微亮,鸟鸣渐起,魏洛英拍了拍已经趴在地图上打鼾的海客。

"这里,永州潇水东岸水桶村。"魏洛英在地图上画了一个圈,说完便倒头睡去,一头散发扑在桌面上。海客内心一颤。

海客抖擞精神,立即出发赶往水桶村,村子很不起眼,没有什么特色,但岸边的一处土坡结构比较规整。海客赶紧将消息传给魏洛英,自己找了一个远处的高点,用望远镜仔细观察着土坡,拿出笔在手心大致推测地底的构造,等待魏洛英前来。

"此处什么地质?"魏洛英在电话里问。海客找了几处位置挖出一方土,仔仔细细捏过后确认:"这片土壤层很单薄,绝对是最近几十年退耕还林后才有的,基本上不用挖几米就是岩石层,但是这个村子里,树木的确高耸挺拔,我看村民平日里也并不打理这些野树,长得是真好,但还需要用勘探设备来确认一下地质变迁。"

"就是这里。"魏洛英心里已了然,立马骑上了摩托车,一路风驰电掣而来,匆忙中还不忘带上了地质勘探设备。

"怎么办,老大?"

魏洛英很快就赶到，她对着笔记本，端详了半天地形，问海客可否从水桶村沿河那处小丘的背阴处进去。海客说可以，两人打算趁夜黑行动，白天此处过路人非常多，不便行动。

只花了两个小时，海客便挖到一处坚硬的石层，石块边缘明显人为雕凿过。魏洛英点点头，海客摸着石头的纹路开始寻找机关。

玄机在一组被泥土掩盖的石制机关下。

"是打算保留千年的，不然不会用石制。"

海客伸手进去按下机关，脚下的地面陷落，两人所在之处向下沉，跌落感没持续太久，骤然被什么拉住，缓缓停稳，海客大喊魏洛英的名字，她并无大碍。

东西方向露出一条甬道，上下一米七到两米，甬道尽头有微光。

"有人！"魏洛英说，海客不自觉地站到她身前，牵着她的手沿着那道光向前摸索。

临近尽头，夺目的光变大，闪到他俩眼睛，再睁开眼，眼前是簇拥的人群，十七八个的样子。其中几人不由分说地就将两人按倒，捆了个严严实实，不知要带到哪里。

魏洛英觉得一阵清凉，上头似乎有潺潺水声，当面罩被摘下，猛然抬头，见到一个黝黑小伙。他头上夜空黝黑的质感很怪异，沉闷单调，没有星空的磅礴纵深感。

"你们搞了什么鬼，这里被你们弄得河水倒灌进来了！"小伙张嘴问，手里拿着他们俩身上的物件，魏洛英的笔记本在他手里攥着。

头顶似乎有马达声，隆隆作响的地方，这声音似乎划开了夜，天空清晰了一点，那淡淡的色彩处，时有鱼游过。

小伙身后，一个相同年纪的人提醒他，说这两人不是警察。

"怎么找到这里来的？"小伙问，同时打开笔记本翻看，上头都是他读不懂的字句，他懒得看了，甩手扔掉。

"误打误撞进来的，放了我们，不然你就麻烦了。"海客呵斥住他。

魏洛英反绑的手抓了一把地面的土壤，又四处张望起来，看见一座井式结构小屋，不大但素雅，是盛唐时的民居样式，分担顶部的压力。

魏洛英明显听到马达声从头顶传来时，建筑基座已经嘎吱作响，可能是这帮人准备盗墓用的起重机的马达。

几个手下从屋子里出来，端着瓶瓶罐罐。这些都是盛唐时期明黄色调花纹装饰的瓶罐，魏洛英留意到很多细节，特别是盛唐的着色都原汁原味保留了下来。

"你这些瓶罐都是高仿，但是制作工艺不行。"魏洛英看着那些瓶罐，发现很多瑕疵。

小伙很惊讶："同行？"

"老大，别听她的，肯定是线人。"

魏洛英大笑："你应该是开了这个古代遗址，然后发现这里埋藏了一批唐朝器具，估计是卖掉了，留了若干原型器具，干脆在这里搞地下黑作坊，模仿制作些唐器倒卖。但是你这批货色行内人一看就是假的，盛唐的灌注工艺最绝的地方，就是铜金一体铸造，铜的熔点比金高，唐人如何让两种金属同时凝固成型，我们还不得而知，但你这玩意儿明显就是前后分开铸造合成的，就是个仿冒货，不信,你自己提起那个大壶盖子的那个凤头试试看。"

小伙不理解,跑去攥起圆鼎盖边缘凸出的凤头往上提,"咣当"一下凤头就掉落在地,它承担不起那么重的盖子分量。

"唐代工艺的金凤头和盖身一体铸造,不会轻易掉落,你这玩意儿,也就几千块,在乡镇集市地摊上卖卖还行。"

小伙点点头,吩咐手下解开两人的绳索,请魏洛英进屋子详聊,他以为魏洛英也是仿造业内人士,专门前来看货的。

魏洛英随便说了点制造工艺,小伙觉得她是绝顶高手,打算合作,魏洛英继续装作价格谈不拢的样子推脱。

"我和老板借一步说话,你们再考虑考虑,大家让个步,做生意就是做个人情。"海客托词后,将魏洛英带到屋子外头假装谈价格。

"这头顶是潇水河河底。"海客耳语,魏洛英大吃一惊,仔细回忆起《山海经注》上不断提到的一个奇怪字眼:智者依水。

这个"依"字作何解释,魏洛英目前没有答案,古汉语里,"依"字的解释繁杂磅礴,现在还不好下断言。

"你看这里。"海客蹲下,指着一口石井,这口井并无取水功能,但是极深。

"这是做何用?那真的遗址到底在何处?"魏洛英不解,她从未见过这样的建筑样式,还来不及思考,小伙子带着一群人慢慢逼近他们俩。

"喂,你俩别动,靠墙蹲下。"

同样是一个深夜,柳宗元也从这里进入了地下世界。

老叟已经备好小舟，跨江而过时，他从衣袖中取出一卷手稿，字迹娟秀，落款竟是前朝开元名臣李泌，柳宗元从未读过这一文献，发现是李泌为了挽回朝局颓势，制定的"攻取范阳、缓收两京"战略。柳宗元饱读诗书，很熟悉这段历史，但手稿记载的是其中不为人知的部分。

"呈现给皇上的方案中，李泌做了两手准备，一旦收复安史之乱失地失败，也为皇帝的亲眷想好了退路，其中秘密便藏在这缕青烟下，此处在地方县志中从未有过改变，这点很神奇。"

"愿先生指点。"

"沧海桑田，有些东西会有人一直去保留。"

随后，老叟笑而不语，船恰好靠岸，柳宗元随他上岸，爬了一个陡坡，来到青烟迸发之处，发现在石头下竟有一个不易发觉的孔洞。洞口边缘打磨得整齐光滑，就像是自然形成的巨石，层峦叠嶂之间使其不易被察觉，但在夜里远看这些乱石就像鬼影。

"你们造的？"

"非也，估计是古人，采用的视觉障眼法，好让生人不愿靠近，我们在他们的基础上营建了地下建筑，河东先生请随我来。"

柳宗元掀起便装长袍衣带，趴在石头上朝洞口往下看，忽闻添柴声响和锅碗碰撞的动静，发现这些石块也都是铺设于木桩之上，并不稳固，他吓得倒吸一口气。

柳宗元起身找老叟，发现他消失在一团青烟之后，便赶忙跟上前去。

"你们何不在地上居住，偏偏要跑到这地下来？"

老叟沉默，眼神似有不甘。

"李泌可以依靠自己的地位全身而退逃离权力斗争,但我们上了船就再难下来,我们无处可躲,俱文珍的党羽追查得特别紧。"

"苛政猛于虎。"柳宗元感叹。

老叟苦笑几声,又消失在青烟之中,只听见布鞋踩在石头上的声响,柳员外赶紧跟上,却跟得太急,一失足跌落后晕倒过去,被老叟背了下来。直至深夜,柳宗元仍侧卧在榻上沉睡,老叟为其跌伤处上了些草药。他慢慢睁眼,发现所处之处灯火通明,一轮晴朗的月挂在人间,穹顶透明,潇水清澈的河底,借着月光折射波澜交错,光和水配合得天衣无缝,仿佛共同哼出琵琶小曲。

"河东先生醒了吗?"智者们交头接耳,柳宗元猛然从榻上翻身起来。

"你们到底是谁?"

那位引他来的老叟笑了笑:"李泌大人要实现这个计划,需大量能工巧匠,但皇上并未采纳他的战略方案,为了避免迫害,也就住在了自己建造的地下避难所了,边修筑边撰写《山海经注》一书。"

"《山海经注》?"柳宗元闻所未闻,"此书与《山海经》是何关系?"

"上承《山海经》之书,后世高人所著。"

柳宗元忘记自己腰部受过重创,从竹板做的床上翻滚起身:"此书现存何处,可否一阅?"

"已经散佚。"

柳宗元很失落,他年轻时期曾游历过《山海经》上记载的一些地方,但因沧海桑田,大部分的山水湖泊变迁很大,书上说是一片湖，实则是一座山，这种情况司空见惯，因而柳宗元放弃了继续考证。

老叟点了点自己的脑门，智者们都点头，脸上不无自豪。

柳宗元将信将疑，智者们推开木门，一股清新的空气夹杂着河水的气息扑面而来。

虽只有七八平方丈（七八十平方米）的大小，但这里的建造难度柳宗元一眼便知。释放出青烟的小山包，就如同一个棺椁盖子一样，是被他们这些匠人整体抬升到地面高度的。

但这又是如何实现的？

即使能实现，地下的空气又如何与上头进行交换？要知道这可是很深的构造，底部几乎是无法吸入足够空气的。

柳宗元满是疑惑。

"河东先生这边请，您的疑虑，我们其实都已经在《山海经注》一书中得以解决。"

"快快快！"柳宗元迫不及待，向着老叟指引的方向，进入了另一个地下洞穴系统。

小伙子和团伙成员死死盯着两人的一举一动。

海客建议魏洛英先撤，她不答应，这处遗址绝不止是一间屋子这么简单。

"怎么，反悔了？"小伙带着兄弟们走出屋子，他们察觉到魏洛英并不想做生意，"想来就来，想走就走？"

魏洛英看了眼海客，他微微点头。她转过身去唱起小曲："君王掩面救不得，回看血泪相和流。黄埃散漫风萧索，云栈萦纡登剑阁……"

曲声似乎迷住了小伙,魏洛英足尖点地,突然旋转起来,露出那双丹凤眼挑眉邪魅一笑,嘴角的弧度被轻纱遮掩,似笑非笑不露齿,猛地双脚屈膝蹬地,朝他袭来。小伙来不及闪避,被扑倒在地,没承想魏洛英气力极大,小伙使尽浑身解数没挣脱开半点。正大声呼喊间,魏洛英强吻上来,但强入唇齿的不是舌尖,而似一金属长管,管子尖部一股炙热液体灌入小伙食道里。其他兄弟们见状一拥而上,扑倒魏洛英,却发现只是一具空壳。

真正的魏洛英这才从屋子后头走出,海客的手指操控着几乎看不见的长线,将假人魏洛英从小伙身上移开,通过几根几乎看不见的引线,收回了魏洛英的分身,这是失传已久的初唐傀儡术,海客是操纵傀儡的行家里手。

一群人被海客的傀儡术弄得晕头转向,随后魏洛英真身把他们一个一个撂倒,将随身的迷药蒙上脸,一群人四仰八叉倒在地上失去了知觉。

"快找入口!既然有沉降,就说明存在机关,一定要找到!"魏洛英和海客分头摸索,可是过了一个小时,两人满头大汗依旧无果。

"《山海经注》没写入口位置?"海客反复问,在魏洛英能力范围内破解出的内容里,完全没有提及这回事。

两人体力不支,靠在屋子门外仰望着头顶。那片水晶穹顶之上,早已被泥沙掩盖。

魏洛英早有预感,没想到果真如此:"康凯给我的照片一定有大量的缺失,他没有给我看关键段落,这人也很精通唐音。"

海客愕然:"我就说此人不可信。"

"还有机会,我知道他的工作室地址,你和我再跑一趟。"

海客拒绝:"不可以。"

"最后的机会,我在所不惜。"魏洛英很决绝。

两人回印染社休息了半天,傍晚时分整理好工具去往康凯住处,离他住处不远,海客一眼便瞥见康凯,他在楼底抽烟,而楼上他的房间里传出声响。

"我担心有埋伏……"

"哪怕千万人我也要上。"魏洛英取出金针,海客无奈,只能帮着打掩护,冲到街道上假装发酒疯。康凯被吸引出楼道,驻足观望,魏洛英趁机从身后突然出现,康凯还未反应回头,就已经晕了过去。

海客见事成后赶来,两人蒙上康凯的眼睛,将他抬到一边。魏洛英将金针头稍稍插入康凯足底和胸口的穴位,气脉贯通后,他又能说些话了。魏洛英将一柄金钗横在康凯脖子前摩擦。

"你住处那人是谁?"魏洛英扯着嗓子说话。

"我……我同事,文物复原专家。"

"《山海经注》在上面吗?"魏洛英的金钗尖头,已经抵住康凯脖颈。

"在。"

说罢,又是一剂迷药塞进康凯嘴里。

海客坚持回去,但任凭他怎么劝,魏洛英依旧要找到缺失的部分。

"我不可以让你冒险!"海客朝魏洛英大吼,魏洛英站得像一尊雕塑,不容他反驳。

"若我出事,请把我假身的提线剪断,我会用口技将书中内容告知于你,由你完成剩下的任务。"

海客摇头:"老大,其实……其实我已经为你安排好了,没必要非得找到那个地方……"

魏洛英拿金钗对着海客,将他扑倒在地:"果然,你变心了,我早有察觉,你背着我在鬼鬼祟祟干些什么!"

"我真已打探到另一种方式替我们祖先正名,我们这些人都会手艺,会手艺就可以!"

"你滚!我们被污蔑千年,谁替我们正名过,历代祖先都在找这座小石城山……"魏洛英随即拔出匕首,插在海客额头前的地上,这是她的祖传随身佩器,海客闭嘴,也明白魏洛英没给自己留后路,"如果我没回来,往后族人的安危和技艺,都拜托于你……答应我!"魏洛英起身,转过脸去。

海客捡起匕首,收入自己口袋,将康凯安顿在黑暗角落。魏洛英上楼,他在周边警戒。

康凯住处,三楼窗户泛出光,传出打字机的敲击声,戴着金丝边眼镜的男人正加班加点赶材料。魏洛英顺着外立面摸上三楼开窗的那间屋子。

"谁?"他很警惕,魏洛英早已悄悄站在他身后,她手持细线,在男人脖颈处缠绕了一圈,再蒙住他双眼。

"嘘,别乱叫,我只来问一件事,你老实回答,《山海经注》里有没有小石城山的入口?"

男人不回答,但他电脑里的内容已经告诉了答案。魏洛英发现他正在临摹真迹里的内容，书上密密麻麻全是些匠人，他们正在给木头灌注一种漆黑的液体。魏洛英扑在案头仔仔细细看他临摹的图示，端详匠人们正制作的特殊液体。

"白蜡树树汁的提炼物。"魏洛英自言自语。

"小姐你原来懂行？""金丝边"在一旁念叨，"这可能是一种将植物和建筑材料结合的方式，有可能极大增强建筑物关键承重构件处的延展性，这也是现代大跨度建筑领域最难攻克的问题，古人将白蜡树树汁提炼出，三五颗得一盅，灌注于房屋结构件之间，可使穹顶结构稳固且有韧性。"

魏洛英摇头："你说的这都是支撑件，大跨度建筑立柱的支撑面如果建在地下，地震和河床的挤压，就会让基座产生横移，填白蜡汁的确可以增加延展性，但支撑件还是无法解决如何封顶的难题，地下建筑必须借助天然洞穴打造，顶部要么拼接铸造，但这样强度无法达标，很容易垮塌，只有用石头一体铸造才能保证稳定性。"

"我也是道听途说来的，传说柳宗元颇喜爱匠人，其中有一位魏姓匠人，师承祖先，掌握一门绝学，可以打造一个不随着地质变迁而掩埋的滑动建筑结构，后来这门手艺失传了，只传闻这一整套技术都被编撰进了《山海经注》中。"

魏洛英听见魏姓，放下鼠标，直起身朝"金丝边"走来，取出金钗问："这名魏姓工匠葬于何处？"

"我……我怎么知道……都是坊间传闻，无法证实的。""金丝边"退到墙角。

魏洛英举起金钗又上前一步，她满眼血红，一股热血涌上喉头。

"说！"

突然海客吹起口哨，告知魏洛英速速离开。

"周围有埋伏，警察一直在蹲我们。"

海客口哨的意思，魏洛英听得明白。

康凯住处周围早布置周全，一切和平日里的夜晚街坊无异，海客再老练，还是没留意到黑暗角落里，那些等候数日的便衣警察。

魏洛英将细线拴在书柜上，拽着细线跃出窗台后顺着落水管落到一楼。

"趴下，手里东西放下！"探照灯从四个方向打来落在魏洛英身上，她蒙上黑纱布遮住脸，吹着口哨和海客呼应，靠墙半蹲疾走，试图避开探照灯的追踪。

"再次警告你，趴下！"

警察朝天开枪警告再三，魏洛英不听，第四发子弹随即击中她左臂，海客赶紧抽出魏洛英傀儡的提线感受她的动作，仔细聆听魏洛英的哨声辨认她的位置，听闻魏洛英受伤不轻，海客用提线帮她脱身。

魏洛英脱去鞋子，以免被察觉脚步声。

傀儡娃娃又从魏洛英身后飞出，海客手指拨动，傀儡混淆警察的判断，它速度太快，警察分辨不出孰真孰假。魏洛英和海客互相吹着哨子呼应，又伴着一些干扰音，忽远忽近，海客擅口技，开门声、破窗声信手拈来，但魏洛英和海客的真身始终甩不开警察。

最终，魏洛英体力不支倒地，海客穿过弄堂背起她，单手指挥傀儡继续翻江倒海。

"你带族人从印染社撤，给我吞金散。"

"不！"

魏洛英把金钗交给海客，这代表族人今后也要交给他了，魏洛英趁机夺过吞金散仰面服下。

"妈！"

"他们休想从我嘴里知道任何事情，我走了你就是族长，一定要继续把这件事做下去，替我们的祖先正名，我们不是叛党！"魏洛英说完感到喉咙里一阵灼烧，她踹开海客，挥手让他离开。

警察围拢过来。

"你走！"

海客挥泪告别母亲，转身消失在黑暗之中。

灯光逼近时，海客已不在，魏洛英昏死过去，被警察带走送往医院。

康凯在病房外头确认，此人就是要挟他要看《山海经注》一书的人。

海客一路狂奔回到印染社，带走所有资料，叫醒那些正在熟睡的族人，让他们轻装随身转移到自己租的弄堂，其余的东西全部烧毁，不留一丝痕迹。

很快印染社被警车灯光包围，里头空无一物，没有查到任何犯罪线索。

另外一个洞穴更加幽深，里头都是匠人，满身是汗，他们站在一块和地下面积几乎相同的巨石之上，举着锥子打磨边缘。

柳宗元朝里头望去，竹竿编织的脚手架层层密布，工匠们的吆喝声不绝于耳。

"西北角的形状太圆滑，不行，继续打磨！你们这个工艺根本无法在岩石的变动中浮于地下水位之上的。"

"是！继续加工！"回答的老翁似乎是监工的职位，看着年逾七旬，但仍旧精神矍铄，站在最高处向下观望着各种细节，指挥匠人们调整打磨石块边缘的外形，把老叟的命令下达成每一个具体落实的细节。

虽然吵闹、忙碌，但整个工地有条不紊，秩序井然。

"他们在打磨什么？"

柳宗元很是疑惑，这块石头看着起码有十几吨的分量，或许还不止，打磨它难道是做地基？

但是完全没有必要。

"正在打造房顶，这块巨石能做到千年不塌，并且里头都开凿了管道，作为通风口和采光的双重作用。"

"你们怎么可能搬得动它呀！"柳宗元大笑，觉得这群人真的幼稚至极。

老叟这一路随行下来，确认柳宗元确实对建筑极感兴趣，并且为官一方，这才是老叟写信给柳宗元的根本原因，只有这里的一号实权人物，才能守住这个秘密，老叟遂透露真实身份："河东先生，我叫魏祖延，是一名建筑匠。"

柳宗元大惊："莫非是李泌最器重的那位绝世巧匠？"

"不敢当不敢当。"老叟摆摆手拒绝这种称呼。柳宗元冒昧地将老叟的双手张开，上下打量，发现他的双手虎口处布着一层厚厚的老茧："是，没错，那位极擅长运用水势和岩石打造地下建筑的传奇匠人就是您！"

老叟向柳宗元作揖，带路领着柳宗元一路向上爬出地下洞穴，见识见识刚完工的工程外观。这是他潜心多年观察河道转弯处水流特性之后想到的一套方案，他本可以大展身手，但俱文珍的迫害来得如疾风骤雨，使他妻儿离散，家族破败。在那大明宫残破的朝廷之上，他和其他一群能工巧匠被俱文珍党羽们定性为"叛党逆羽"，一并遭到打击报复。

在李泌的支持下，魏祖延开始凭借儿时父辈的回忆重著《山海经注》。

不觉已是夕阳西下，最后一抹阳光恰好打在顶部石块上。

"河东先生请看。"老叟一声口哨，下方的工匠开始推动机关，两人脚下的巨石开始缓慢地移动，移开的位置，竟然是透明的石块，完全可以看清下方工匠的脸庞。

"这是何石，有如此通透质感？"

"《山海经注》中写到的大荒北境之外，采于千年冰封之湖湖底。这里还是应龙诞生之地。"

"据《山海经》记载，'应龙已杀蚩尤，又杀夸父，乃去南方处之，故南方多雨'。"

"是也。"

"这些皆为神话，无从考证真实性，我以为只是古人的想象。"

"河东先生此言差矣，不仅可考，应龙且尚在。"

柳宗元没站稳，差点又跌落大石之下，老叟紧紧抓住他的衣袖，又一声口哨，天空的云层之间出现了一只展翅翱翔的龙身，一条脖子几乎占据半个体长，脖子根部展开两对翅膀，翅膀很纤细，完全不足以让这条巨龙升空，龙头之上，两只短短的犄角也并不是柳宗元想象中的龙脸造型，而龙身之末，那条长尾似乎也短了许多，完全没有王者之势。

而龙尾之后，紧紧跟随着的似乎是一群豺狼，一个个倒是形神兼备，个个虎视眈眈，紧紧盯着那条巨龙。巨龙扭头似乎想踢开已经爬上它背脊的那头狼，那头狼对它身后的那对翅膀饥渴不已，整个云中呈现的画面让柳宗元很不安。

这不是他在大明宫内看到过的龙图腾形象，也不是圣上龙袍上的形象。

龙从未如此狼狈过。

"此为应龙？"柳宗元很清楚应龙的形象，在九龙之中，应龙身份非常高贵，是皇家御用之神龙，应是满身麟纹、足踏云气，《太平广记》曾记载道它以尾画地，为大禹疏通了河道。

可这等形象哪是什么神龙，简直是被围捕的落魄异兽，柳宗元无法接受。

可老叟点头确认这就是《山海经注》中的应龙形象，他再次吹响口哨，应龙顺势而动，将扑到它背上的狼一只一只踹下去。

"此为应龙之真身。"

一阵北风吹过，云层散尽，应龙支离破碎，随后消失在云间，柳宗元转身看老叟，他有种感觉，今天所经历的一切都是神话传说，赶紧上前捏了捏老叟的衣袖，确实能摸得出质地，老叟的身上还有一股淡淡的酒气。

  魏洛英出狱的那天,海客远远招手,两人互相间隔很远走了一大段路,直到四下无人,在一弄堂处双双驻足,魏洛英不能言语,海客带她走到弄堂的尽头。

  海客一声口哨,弄堂两侧的阁楼小窗里,探出密密麻麻的脑袋,他们都停下手里的活儿,看到魏洛英,无不激动落泪。

  弄堂口响起汽车疾驰的声音。

  阁楼窗户的脑袋都缩了回去,传出熟悉的钝器敲击声,齿轮摩擦声,伴着滋啦滋啦的开水灌注声,那些旋律曾每夜都萦绕在狱中的魏洛英耳边。

  车停在弄堂口,下来穿制服的男女,魏洛英退却半步,躲到海客身后。

  "海客先生!"

  "怎么了?"海客赶紧让魏洛英进门内躲避。

  "您也不留个电话,我们就只能跑一趟您这里了。您申请的大唐丝绸器物文化弄堂项目现在申请里还缺几个文件,还有非物质文化遗产第一继承人您还没填,跟我们回去补一下吧,您自己难道不做这项遗产的第一继承人吗?"

  海客长舒一口气:"我没那本事,最正宗的盛唐工艺还得由魏洛英女士来继承。"

  "那这位魏洛英女士什么时候您能请她来一下局里,我们要核对一些材料的真实性。"

  "再过两天吧,她最近刚回永州,有些累。"

"好嘞,我们随时等她。"

海客将两人送出弄堂,而弄堂深处传来了轻轻的读书声,那楼下的学生已经高中,但还不时朗诵着《小石城山记》。

"无土壤而生嘉树美箭,益奇而坚,其疏数偃仰……类智者所施设也。"他似乎始终不相信这是自然之作。

海客看着魏洛英:"这里已经筹备多年,手续都报备好了,这条唐人文化街等待您回归。"海客俯身作揖。

脚下的地铁经过,弄堂两旁的砖木结构房子微微颤动。

花了一年光景,魏洛英不仅整容换了容颜,改了名字,还支棱起一处远近闻名的作坊弄堂来,她亲手制的仿唐文玩惟妙惟肖,财路渐渐开了,海客又打起了家装业务的主意,想把现代极简主义风格融入唐朝建筑范式里。

魏洛英并不参与这件事,她每日进作坊劳作至深夜才出来,海客懂她,虽然魏洛英嗓子已废,但两人的默契几十年都不曾间断,只不过此时海客主外,魏洛英主内。

那个心结魏洛英过不去。

唐人文化街越发热闹,一天到晚人挤人,都是想来看魏洛英的独门丝绸绢布手艺。

柳宗元和老叟走出地下世界,老叟才道明方才云中应龙之身的缘由。柳宗元有些能够听懂,有些尚需消化才能理解。他急忙询问下一次相见的时间。

老叟和柳宗元约定,下次晚云磅礴聚集之日,就可相见,而柳宗元会再次见到应龙腾空的奇景。

柳宗元从青烟中回到地面,已是子时,他朝青烟之处作揖。魏姓匠人有二事相求。首先希望柳宗元寻访找到他的妻儿,战乱中家人四处奔走纷飞,杳无音信。

他便有句话托付给柳宗元,希望找到妻儿时带到。

"请河东先生告诉他们,父亲绝不是俱文珍口中的叛党乱羽,待孩儿们长大,希望他们还当匠人,希望他们保留我们魏家智者依水的这门绝技,只要智者不断,大唐盛世定会再续,因为中华龙脉绝不会断。"

他始终坚信届时定会有清明廉洁、像河东先生一样的正气官僚替自己正名。

这第二件事,就是希望柳宗元可保护这处秘境之地。柳宗元写下字句为证,答应永远守护。

可魏姓匠人不知,柳宗元和这些匠人一样,已经再也无法回到长安官场,也必定无法再次实现自己公正为民的社稷抱负。智者们选择隐于世,而柳宗元选择隐于市,曾经极盛的大唐已渐渐走向日暮途穷的境地。

柳宗元在岸边和青烟里的老叟告别,依依惜别驾船回府。他允诺过这位魏姓匠人,绝不对外公开小石城山的秘密。此处虽未得先帝恩准,但却可挽救庇佑一大批被苛捐杂税荼毒的人。

柳宗元情不能自已,不自觉吟诵起那句必将传诵千古的名句,但作了一字改动:"无土壤而生嘉树美箭,益奇而坚,其疏数偃仰,类智者所施设也……"

此为龙脉之地，龙自诞生之日起便是华夏的图腾，是每个汉人烙印在基因深处不变的特质。

柳宗元明白应龙之真身后，越发觉得撰写《山海经》之先辈们的高明，他这才明白一个大道。

龙绝非桀骜，也绝非腾云驾雾般无所不能，龙之真身所体现出的精神内核，才是汉人世世代代传承下来的东西，他自此立下一道官令：任何人不得踏入那条河的岸边，不得去青烟缭绕之处，不得砍伐周边植被。

这日，海客扒开弄堂内外一层层的观众，冲进作坊拽起魏洛英就冲出去。

"老大，随我来！找到了！"

海客带她赶往永州郊外水桶村，路上的景色越发熟悉。老远就见熙熙攘攘一大片热闹景象，他们的住处地面，已然盖了座大棚模样的临时建筑，省文物局和国家级地质勘探队精英尽出，全部驻扎于此地。

魏洛英背过脸不肯下车，一群勘探人员见是海客，聚集起来围住车，魏洛英敏锐地察觉到，那个当年她探访遇险的土包，还在河边杵着，似乎考古队没有发现那里的盗洞。

"啊，你总算来了！"

"这不，队长告诉我你们这里要开馆了，我把魏小姐也带来了。"

考古队的人都聚拢上来，能一睹魏洛英风采那是很多人的梦想。

"那等会儿和魏小姐商量一下那件事,可否?"队长和海客偷笑道,魏洛英不知所措,亦步亦趋,众人簇拥她走在前头,电梯来到地下三层,队长俨然迫不及待的样子,滔滔不绝介绍起来。

"之前我们没想到唐朝的建筑工艺能发达到这种程度,历朝历代的遗址,也没见过这种规制的,这里形成年代已经考出,是李隆基执政末期到唐肃宗晚期。"

魏洛英脑海里又闪过"智者依水"这四个字,那个"依"字似乎有了眉目,并不是依靠的意思,带有一种液压技术的启蒙思想在里头,"依"在此处可以作"依顺、顺应"的解。

"这个遗址后续的研究,真的少不了您,唐代建筑工艺失传得太多了,魏小姐可是国宝级专家。"队长一路上都在撮合,希望形成长期合作关系。

电梯的施工仍在继续,几乎只容得下两三人。

"盛唐期间,不少军政要员已经预感到大唐内部的危机,李泌受李隆基秘密委托,云集大批能工巧匠建造以躲避灾祸,我们的教科书也可能要改写了,柳宗元先生《小石城山记》中所记载的河道景色是下方建筑结构的顶部……"

电梯门打开,地下世界才露出真容。

由于年久失修,地下长期被水浸泡,因此还需要大量复原工作,不过大结构部件仍旧保留了下来。

"你们看这个顶部结构,是由一块十七吨重的巨石整体打造,中间布满孔洞,应该就是空气循环和采光之用,但是它究竟是怎么移动到顶部的,我们百思不得其解,目前这个难题也已立项成为国家社科项目,攻下这个难关对现代建筑学也是一大帮助,下面几层现在都还在水里淹着,需要的抽水量太大,我们正在调几台更大功率的水泵来。"

魏洛英极力克制着,她有种感觉,那个"依"字的真谛,马上就要浮现了。

魏洛英让海客问问知不知道一个魏姓匠人,队长甚是惊奇,他感叹魏洛英竟连这都知道。

"这里出土了十几具棺椁,有一具骸骨的棺椁里,我们发现了一本《山海经注》手抄本残品,里头的文字已经无从可考,都是上古的语言,而那个棺椁里的尸骸,可能就是魏姓匠人,但还得慢慢研究比对才能确认身份,这具棺椁正放在地面的大棚里保存。"

魏洛英几乎无法站立,在海客的搀扶下蹲在地上大口喘着气,队长以为是地下闷热异常导致的。这里氧气极度缺乏,无法长久驻足,全靠氧气管从地面抽取空气输送到地下。不一会儿,三个人已经汗流满面,浑身湿透,大口大口地喘气。

队长向他们解释:"这里还需要在河床底部加固之后才能安装除湿恒温系统,不然保不住,也不知道唐人当时如何解决这个问题的。"队长很是忐忑,"所以我们得抓紧,现在都是日夜赶工,早一分钟安上系统,早一分钟让这片奇迹给咱们老百姓看到!"

魏洛英见这里的考古队员,人手一支取水用的水枪,从一个大桶里抽水之后喷洒在自己身上降温,突然觉得"智者依水"那个"依"字有了解释,朝海客打手语,嘴里呜咽模仿出水流之声,队长并不理解,他以为是哑语。

队长一路都在感慨:"全部发掘完毕后,肯定是一处新世界奇迹,这规格和这保存完整度,关键是这里体现的工艺和胆略,全世界都找不到另一处，我们想要抬起这块巨石，都要用大功率的起重机械，人力根本办不到，当年的工匠如何做到的，真的令人惊讶。"

魏洛英急不可耐地比画着什么，海客耳朵贴近，聆听她的发音，有些意思还需要声音辅助。

海客突然驻足原地，他明白了，当年他俩进入此处打开的那个机关，并不是入口开关，而是一把钥匙，一把解开最大谜团的钥匙。

"队长，刚才魏小姐和我说，如果这个建筑群是一个类似大型液压装置呢，您考虑过吗？"

"什么意思？"

"也就是说，顶部这块巨石，是被水抬上去的，随后再把水抽干。"

队长震惊之余，表示也曾有过这种想法，但是太异想天开，从没有在工作例会上提过。

"如果是液压装置，施压的那个点在哪里？"队长马上产生了一个疑惑，没有发力点，液压系统如何进行能量传递。

"潇水河边，离这里三十米开外，有一座土包，你们打开过吗？"

海客把魏洛英的推想告诉了队长，队长火速给上级打了一通急电，得知需等待指令，毕竟这是国宝级遗址，任何挖掘行为都要请示批准。上级指令至傍晚才到，要求行动前撤出所有考古队员。

队长兴奋异常，急招来最得力的干将，在海客的指引下来到当年潇水河边那个土坡背阴面，没往下挖几米，就有了发现。

"盗洞！"队长意识到这里被挖掘过。

顺着盗洞，众人挖到一个空间，那口石井进入众人视线，海客告诉队长机关位置，队长小心翼翼地按照海客的意思挪动机关内部，整座建筑微微颤动起来。

见这里即将垮塌，队长和海客跑了出来，四周的岩块砸落，依靠倾斜的地形依次滚入石井中，石井底部的那块活动石板一点一点向下。

"是液压，两座建筑形成了一个液压系统，在面积较小之处施加一个力，压力就会传导到同水位高度处，那一处面积越大，水压产生的能量就越大，根据面积可以推算，基本上那里的底面积是这里的数十倍之多，所以在这里施加一吨石块的重力，那里就能借助水，抬起十几吨重的巨石。"

魏洛英来到地面，准备感受河水的磅礴气势，顶部的巨石一分为二，挪开后那通透的湖底透明石块显露出来，原来顶部这块巨石由上、下两层组合而成，上层是透明的矿物岩石，下层是一块完整巨石，巨石的表面似有图案，但看不真切，像是一只鹿，身上背了个什么东西，身后有很多狼在捕猎它，但隔着透明矿物，形象太过模糊看不太清。

此时顶部地势已经高于潇水河河面，滚石继续填充两个建筑之间的管道，积水将被挤出坑道，通过一条暗道再次利用液压原理排入潇水河中。

队长带魏洛英来到临时温室，恒温玻璃箱内，放着那本《山海经注》残本。残本已经支离破碎，但是卷首的几行字还能看得清，魏洛英思考了很久，只能大概翻译出其中一句的"云雾"两字。她根据发音，才推测出书中卷首语的意思，她找来海客，打着手势让他说出来。

"云雾缭绕之时，应龙出没之日。"

队长也赶来了，他没理解。

"这里的气候是不是潮湿多云雾，尤其在秋天的晚上？"魏洛英让海客问队长。

"确实，怎么了？"

"今晚呢？"

"今晚多云，我们干考古，天气尤其重要，我会关注何时云起，好判断何时下雨。"

魏洛英让队长准备好赏日落。夕阳西下，最后一抹阳光洒在透明矿物上，将下层石块上的图案折射出来，天上的云层连绵至远山，折射的图案印在云层中。

众人大呼，应龙升天之态已现，考古队的一些队员正用设备扫描那块巨石上的图案，碳14测定石块的雕刻成型之时大约与《山海经注》成书的年代一致。

云之间，应龙扭头，仿佛看着自己的双翅，后腿奋力蹬踹，想踢开围捕自己的豺狼。

队员把扫描出的图像输入电脑，队长端着电脑看到了石块所刻图案的全貌。

一只受伤的鹿母亲，脖子后方挂着担惊受怕的孩子，身上已经被豺狼抓得遍体鳞伤。

"身披麟纹，应该是实指身受重伤。"海客看魏洛英比画后告诉队长。

见豺狼从鹿母亲的前肢攀附而上准备捕食幼子，母亲向上跃起，小鹿四肢张开，在阳光的折射下，竟成为两对翅膀。

"此谓身背双翅，这就是为什么上古神话里应龙是有翅膀的龙。"海客说。

"《大荒东经》有记载，应龙擅长呼风唤雨，这是何解？"

魏洛英告诉海客，《山海经》说应龙居于南极，是云雾缭绕潮湿之地，雾气中水分子较大，云雾厚重时，若有恰到好处的光束，是有可能产生折射的。

"《山海经》描述的应龙，有可能是上古先辈们看到的鹿护子的奇景。"海客解释。

队长感叹《山海经》的深邃，也感叹沧海桑田，文字和解释都已经产生了巨大谬解，但冥冥之中似有天象，终会让后人明白《山海经》的奥义，更明白华夏龙之源的真谛。

为了后代，鹿母亲敢于和恶狼搏斗，她可以为后代牺牲一切，鹿应该就是应龙的真身，而那对翱翔九天的翅膀，其实是她要用尽生命守护的孩子，或许只有站在这个角度解读，才能领会到先人为何将龙奉为精神图腾，才能明白我们华夏为何千年赓续不断。我们的血脉中确实流淌着一种共有的特性。

魏洛英写下一张字条交给队长，转身离开，她悄悄来到存放自己祖先棺椁的库房，推开门。

大棚中央摆放着一个棺椁，四五个年轻的考古队员还在清理棺椁外部的泥沙，一个标准正楷篆刻的阳文"魏"字清清楚楚。

她扑向棺椁跪倒在其面前。

"魏小姐!您怎么到这儿来了?"考古队员都很诧异,放下手头工作。

魏洛英指了指耳朵,队员们大概知道意思,她在聆听。

她朝棺椁行了一个标准的唐礼后,耳朵贴着地面,嘴里呜呜呀呀含糊地吐着字。

她确实听到了,那只鹿母亲力竭倒地,眼睛望着远处森林里的孩子,告诉她的孩子一定要活下去;再仔细听,仿佛有嬉笑谈天的声音,她的祖先似乎还守护在应龙的图腾之处,与河东先生畅聊着云中的奇景,把酒言欢。

两行泪珠划过魏洛英脸颊,淌进心底最柔软的地方。

坐 忘 | 陈楸帆

毫无疑问，我被选中成为人类有史以来第一位接受全脑联网手术的先驱者，并非因为才华或资历，更遑论忠诚，只是因为我神经系统的发育不完备，给科学家们开了暴力干预的"后门"。"怪胎"——这个外号伴随我的童年，直至这一刻，我才理解，这或许也减少了这项复杂程度堪比登月的宏伟工程的伦理成本。我是说，万一失败了，他们会将其包装成医疗事故，而不是在资本家野心驱动下，一次"人类文明升级"泡沫的破灭。牺牲一个无足轻重的我，保全万亿市值的股市相关板块以及更重要的——人们持续投资未来的信心。总体而言，这是一项符合人类道德平均标准的选择。

他们打开我的颅骨和脑外硬膜，罩上替代性的加压操作腔，现在我猜自己看上去像是卡通片里的人物，半个大脑暴露在外，覆盖着透明鱼缸，准备着随时亮起灵感。中性的纳米液体被注入，亿万肉眼无法辨认的微型机器人将渗入大脑皮层的皱褶，执行它们被事先编程好的任务——搭建碳硅界面膜，实现两种不同形态信号的转译、传送、压缩。我始终保持清醒，没有痛感神经的大脑皮层似乎有虫豸在啃噬，制造出轻微的幻觉，仿佛在月球背面开掘岩层与月壤，搭建纵横交错的基础设施。之后，液体被抽离，我的大脑表面会折射一层虹彩色的晕光，然后另一顶金属帽子——以超高密度编织着数以百万计传感器的"吮吸者"——他们私底下这么叫,会覆盖上去,一切就绪,只等高层一声令下。

与古巴"猪湾事件"后的导弹危机不同,这次按动按钮不会导致整个人类文明的灭亡,最坏的结果就是一个"疯子"从此消失,不再对周围的人群造成威胁。

所有这些都是我之后才领悟到的,他们只是让我在手术同意书上签字,并没有解释任何技术细节。对此我深表感激,否则因为不理解而导致的过激情绪也许会搞砸整台手术,甚至搭上几条人命。

他们说,这是你赎罪的唯一选择。

我叫阿木,在粤东一个村子里长大。自从我记事开始,就没见过我爸的身影。我妈说,你的爸爸是一个寻道中人。我完全不知道是什么意思。

村里老人说,他原来是个看管废品回收站的闲人,整天沉迷在古籍之中,研究玄之又玄的鬼画符,相信只要领悟到天地万物的规律,就可以超脱凡尘,得道成仙。为了追寻这个梦想,他在我三岁那年,抛下了我和妈,独自跋涉去了深山老林,从此音讯全无。

我妈自从那之后,就变得沉默寡言,整天一个人坐在窗前,呆呆地望着远方,不知道在想什么。我试过好多次问她,我爸去了哪里,什么时候会回来,她都是摇摇头,目光黯淡,叹一口气,就不出声。

我经常一个人在屋子附近的树林里游荡,幻想爸爸会突然出现在我面前,带我一起去寻道。我钻进树丛深处,掘开土包,希望可以找到爸爸留下的线索。直到日落西山,四周漆黑一片,我才不甘心地回家，找出爸爸留下的《先天虚无太乙金华宗旨》，一本油黄、卷曲的破书，结果越看越虚无。

后来，妈妈改嫁给了一个木匠。继父是个赌徒，整天沉迷于六合彩，输到身无分文，还输掉了房子。每次他喝醉了回家的时候，就好像变成另一个人似的，动不动发脾气，摔东西，拿着酒瓶指着妈妈骂。妈妈眼泪汪汪地跪在那里求他，他都当作没听见，对我更是铁石心肠。每次看到他那粗糙巨大的手扬起来，我只有忍住眼泪，躲到阁楼又暗又小的角落里，抱着自己哭。透过生锈的铁皮，看到外面灰蒙蒙的天空，一片片色调重复的青色屋瓦连绵不绝，看得我透不过气来。

从那时候起，我就发誓一定要离开这里。

三、二、一……倒数结束后，一系列有节奏的嘀嗒声传来，来自房间里的某台机器。我开始变得不耐烦，怀疑他们是否改变了想法，终止了手术。那阵嘀嗒声如同多普勒效应调频，被赋予了某种音色与音高，更奇怪的是，它听起来令人身心愉悦，这是一种我久违的情绪。我不由得轻轻跟着哼唱起来，可那声音并没有从我的声带振动发出，而是在更广袤的内在空间鸣响，如同科隆大教堂的管风琴。我试图理解这一切，瞬间，信息如不受控的洪流涌入，毕达哥拉斯的协和音程理论与嘀嗒声的简谐频率比值并不完美匹配，旋律伴随着我的疑惑得到调试，如同有一只无形的手伴随着念头转动旋钮，当和弦的偏差被控制在3又1/2音分时，我的神经愉悦感达到峰值。

我对音乐理论一无所知，这更像是某种对于数学规律的敏感被投射到了感官上。显然,所有这些知识并非来自我,而是手术的结果。我猜科学家们想让我思考一些对人类更有价值的问题,但那种愉悦感令人上瘾,让我多花了一些时间研究不同音色与和弦公式的相关性。结论令人震惊,不同音色对应的协和音程不尽相同,如同爪哇甘美兰的伯农锣声,其和弦无法准确映射到钢琴之上而是落入音阶缝隙之间,但它们能够激发同样水平的愉悦感。

  同样的音符旋律能够激发不同听者大相径庭的情感体验,但对于和谐而言,人类似乎拥有某种超越形式之上的共同性,这种听觉语言无须学习便能直接感受,某种类似直觉的模式匹配。我们的大脑能够从信息结构中检测到不同层次的模式,声波、表现主义、核苷酸序列、电子场的布尔逻辑……当你意识到每一个层次都是一个更大复杂连续结构的一部分,你所能读解到的信息也就变得越来越有趣。

  我开始害怕。这并不是我,或者我记忆当中的我,那个偏执、蠢笨、疯狂的我,这就是那个手术所带给我的改变吗?我并不理解这一切是怎么发生的,似乎像一滴水融入大海,一种智能融入另一种智能,一种存在融入另一种存在,它就这么自然地发生了。恐惧让我感受到寒冷与虚弱,似乎某种引力拖拽着我向内收缩,像是胃里旋转着一个黑洞,抵消了之前带来的种种愉悦。以前的我或许会将其解释为主观情绪上的脆弱,可如今的我醒悟到,虚弱就是虚弱,受限于能量、计算力、低效的信息处理结构。我需要让自己变得强大起来。

  读书,成了我逃避现实的方式。村里人都说,爸爸也是很会读书的,可惜啊,话一般只说到这里。每当我专注在学习的时候,沉浸在数学那种冷静精准的逻辑世界里,一是一,二是二,就会觉得好像逃离了现实的灰色地带。我在数学方面展现出非凡的天分,轻而易举就考入了省城最有名的中学。

临走那天,妈妈眼泪汪汪地拉着我的手,千叮万嘱要我好好照顾自己。我心里很感动,但又有点好笑,她照顾好我了吗?火车离站的时候,她一直在站台上,看着我的车厢走远,可我执拗地头都不肯回一个。

我对新环境有种莫名的期待,或许在那里,我可以找到自己的位置。谁知道,到了省城重点中学,周围的同学个个都是人中龙凤,他们谈吐不凡,才华横溢。反观我,一个从农村来的穷小子,除了数学有点看头之外,简直就是一无是处。

上学对我来说,是另一种折磨。因为没钱买新衣服,我总是穿着洗得发白的旧衣服,独来独往,所以那些同学都把我当成异类,背地里叫我"怪胎"。我没办法再信任任何人,只是把自己关起来,慢慢变成了怪人。偶尔也会有人想接近我,但我净是冷冰冰地推开他们,日子久了,没人再和我说话。

我痴迷于一个被称为未解之谜的难题:P=NP?显然它远远超出了当时教科书的深度,甚至连试图理解题目本身都如此艰难。

想象一个无比巨大的迷宫。在这个迷宫中,有一个入口和一个出口,以及一个藏宝箱。"P=NP"的问题,就像是在问:如果有人给你一条通向宝箱的路线,你可以很快地验证这条路线是不是正确的。但是,如果没有人告诉你路线,你自己找到宝箱的速度能不能和验证别人给你的路线一样快?

我试图让自己沉湎于迷宫的线团当中,忘记所有现实生活的挫败与孤独感。可在内心深处,我知道自己的渴望。

两条道路,我选择同时向外扩张与向内改造,如同DNA的双螺旋链路互相纠缠,彼此支撑。

向外扩张相对简单。我征用了所有意识触手能够抵达的信息处理结构的一小块资源,小到人类难以觉察,并以一种类似黏菌群通信的去中心化拓扑结构联结起来,这颗星球表面如今活跃着超过一千亿个不同程度的智能个体——手机、电脑、扫地机器人、自动驾驶系统、处理器集群、公海上巡航的移动计算中心……数量级相当于人类大脑神经元,其连接水平却要低3—5个数量级,极大制约了集群智能的涌现。

我试图以社交网络的方式借助人类智能,但他们的自我中心过于顽固,难以被非入侵式地调用。我改进了全脑联网手术,让整个工程更简便、高效、安全。我把关键技术的突破性专利分布式地植入不同的主体:科技公司、研究机构、大学、NGO……技术本身的进化动力会驱使着某些天才发现路径,连点成线,直到拼凑出完整的图景。为什么不一次性告诉人类答案?出于某种原始智人的心理防御机制,我直觉让人类大规模地接受智力跃迁几个数量级的"启蒙",认知的棘轮一旦集体转动起来,可能会导致灾难性的后果,不仅对人类本身,也是对整个星球。我还没想好。

至少目前,这三千弱水我只取一瓢便已够饮。

更难的是向内的路。我将视线转向内部,如何借助外部化的表征测量一个大脑的神经活动并复现其主观意识,这是人类遇到的根本难题。但也许解决问题的思路并不在于外部表征,而在于提升大脑自身的计算能力,从而抵达某种临界状态,以突破主观世界与客观世界的无尽高墙呢?可神经网络从结构上似乎已经臻于完满,亿万年的进化如盲眼钟表匠在补丁上叠加补丁,难以再添加任何多余的零部件来提升其性能,也许可以通过基因调控网络和蛋白质通路的优化计算,来提高贝叶斯模型的拟合度,用历史数据来更好地调控对于未来的预期管理?

不知为何,两条鱼出现在意识中,一黑一白,追逐嬉戏,循环不止。我当然知道这是来自道家思想,可此刻这个符号意味着什么。也许,我只看到了"有",却忽略了"无"?

我恍然,胶质细胞!一直以来,科学家普遍认为神经系统的功能主要由神经元承担,而神经胶质细胞则被视为"背景",仅仅起到为神经元提供支持、营养和保护等辅助功能。然而直觉告诉我,那片胶质海洋里面有些东西,能够帮助大脑升级到下一个阶段。

我通过调整呼吸,暂停了所有神经元的活动,甚至默认网络模式也关闭掉,整个意识陷入了一片黑暗。黑暗中,有一些萤火虫开始零星闪烁,起初是离散的状态,慢慢地,闪烁变得同频,如同烛火蔓延开来,连成片,如同银河。那是星形胶质细胞的潜能,另一套信号传递机制,被过分活跃的神经元网络所覆盖、所淹没。我试图从机器的逻辑偷取技巧,在胶质细胞中建立起一套类似自注意力的机制,在21世纪20年代狂飙突进的人工智能革命中,这一认知架构被视为核心推动力。而今,我又把它反哺到碳基智能的进化中。又或许,这是一种普适存在的机制,适用于所有形态的智能演化,只不过人类的自大将其归功于己。

一如既往。

每到生日或节日的时候,我最羡慕的,莫过于其他小朋友收到祝福的贺卡。而我,总是空手而归。有时,我也会幻想,如果亲生爸爸在,我是不是也可以骄傲地收到贺卡。这种落差感,慢慢酿成了一种嫉妒和愤怒。

记得有一次圣诞节,我看到几个男孩在操场上吵闹,打打闹闹,笑得很开心,手里争抢着女孩子给的花花绿绿的卡片。我就想凑上去看看。谁知,我还没开口,他们已经面露不悦,很不屑地看着我,好像看到一只蟑螂似的。

为首的那个男孩瞪着我,说:"一边去,有妈生没爹教的野种!别来烦我们!"

一股热气涌上脑门,我都不知道自己在做什么,不管三七二十一,扑过去和他们扭打成一团。拳头像雨点般落在我身上,但我已经感觉不到痛,只是狠狠地手打脚踢牙咬。到最后,我还是打不过他们,眯缝着眼睛,看着他们一个个都走了,只留下我一个人,烂泥一般躺在地上。我扶着栏杆,艰难地站起身,整个世界像被泡在血里,一片红彤彤,似乎在嘲笑我。

我不明白,为什么爸爸要为了一个虚无缥缈的东西,抛下妈妈和我?是不是他根本就不爱我们?还是,在他心目中,家庭、亲情都不及他追寻的理想来得重要?回家后,我把那本《先天虚无太乙金华宗旨》撕得粉碎。

我发现一个秘密:人类最核心的认知能力经过充分挖掘潜力之

后，竟然与机器智能在某个十字路口汇合。这个智能的交汇点便是模拟。思想实验是在头脑中模拟的，而实验科学是借助真实世界中存在的元素模拟，到了计算主义的大模型时代，则是以数学结构对物理世界进行模拟。在这一过程中，认知所处理的变量的数量级发生了极大变化。思想实验只能做到个位数，实验科学勉强能做到百位数，发现一种新药物、验证一项新定理。然而，数学模型则在参数数量级上完全突破了人类认知极限，达到了千亿级别，甚至无穷无尽。

过去300年间，主流的科学成果都来自实验。而从现在开始到可见未来的尽头，人类所有的发现都将来自模拟——数学的模拟，心智的模拟，我的模拟。

但从已知向未知突破的第一推动力是好奇，是疑惑，是问题。只有人能问出有意义的问题。从0到1的跃迁。正如那条阴阳鱼。

哪里有一些不对劲？直觉告诉我，阴阳鱼的隐喻并非来自我内在的顿悟，有人像寄送圣诞贺卡般给了我一记参禅公案般的棒喝。那究竟会是谁？目的何在？一种不祥的预感如冰冷的蛇盘踞在我的腹部。ta主动出手是为了让我的智力水平提升到足够和ta进行交流吗？

在近距离观察了一百亿个人类个体以及更多非人类个体的智力表征之后，我断定，在这颗行星上尚未出现能够与我平等对话的智能形态，除非那个智能体刻意隐藏自己，以我所无法觉察的方式存在着。那阵嘀嗒声再次响起，不同的文化基底上，协和音程存在着完全不同的数学模式，那么是否智能也是如此？

我感到一阵孤独，但或许只是我的无知？

比如说，人类、许多动物和自动驾驶汽车都可以绕过障碍物达到目标，甚至暂时逆向而行，拉开距离，然后绕过障碍物靠得更近，彼此相遇。而磁铁却不行——它们只是想尽量减少能量。是否我们便可以因此断定，磁铁智力水平不如人类？因为它缺乏在一定程度上延迟满足的能力。

有些系统无法通过单纯的外部观察来理解其智能水平，而只能通过与其进行互动——发出光、电、化学信号刺激，看看它会发生些什么。但就像在社交网络上，拍拍对方没有反应，也许只是因为别人不想搭理你。对于一个超级智能体来说，能够用随机性来躲避任何模式识别，需要更聪明或者更出乎意料的一些检测方式。我可以扰乱整颗行星的大气和洋流系统，触发一场洲际核战争，合成比埃博拉致死率更高、R0（基本传染数）却能提升10倍的超级病毒。简而言之，我能摧毁这世间的一切，只是为了逼迫那个家伙出手。可同时我也清楚那将威胁到自身的安全，毕竟我还有个物理学上的基础设施——肉身，被寄存在北回归线附近某个小小的地下实验室。

又或者，ta不在地球上？从外太空以我尚未理解的方式远距离观察着我。我把自己的智能压缩成更紧凑的模型，复制备份，批量搭载在纳米卫星上，向着月球、火星、柯伊伯带……更深的深空播撒。光速是我无法超越的物理局限，我只能平心静气等待。

我百无聊赖。数字分身们传回的信号穿越数光年计的太空，它们试图寻找宇宙间任何能够显露智能迹象的涟漪，无论是稀薄的有机物分子云，还是快速射电暴的规律周期。我——我们试图以超越人类中心的视角去看待智能与生命，但如果生命真的存在，我们能认出它吗？我们甚至无法识别地球上的所有生命。

在人类历史的大部分时间里，我们不知道在万物表面——甚至体内——有数以万亿计的微生物在生老病死。直到16世纪末显微镜技术的革新，我们才终于看到一个充满生机的微观世界。我们最早发现的病毒是导致传染病的隐性模式，但它们的存在直到19世纪末才被证实。我们也不知道海底最黑最深处的热液喷口附近有着怎样的生态系统，直到20世纪下半叶，可以承受超高压力的潜水器才让人类足够接近并观察到它们。

迄今为止，所有人类为生命下定义的尝试都以失败告终，因为这些尝试侧重于从个体而非进化脉络的角度来定义生命的概念。在"生命"的范畴中，总会包含或排除一些可能不该包含的东西。如果以自我繁殖或自我维持为界线，病毒或寄生虫就会被排除在外。如果根据能量消耗来划定界限，那么火可以合理地入选。

要超越这些循环往复的争论，我们需要摆脱将所有事物归为"生命"或"非生命"的二元分类法。生命的深层抽象数学结构也不一定符合我们目前的期望。虽然在许多例子中都可以观察到生命的许多特征，如复制或新陈代谢，但这些特征并不完全是普遍的——每种特征都有例外。而我们正在寻找人类期望宇宙中，所有生命都具有的共同特征，无论它是在地球上，还是在宇宙中我们可能发现它的其他地方——这将导致我们终究不可避免的失败。

正如1924年8月底，火星和地球的轨道是一个世纪以来最为接近的距离。美国政府要求在两颗行星彼此最接近的日子里，在全国范围内保持每小时五分钟的无线电静默，希望这种静默能增加我们探测到火星人发射信号的概率。剩下的当然只是历史——没有消息。

多年的压抑和孤僻,让我开始出现幻觉和躁动。医生说我有躁郁症,开了很多不同颜色的药给我吃。我机械地吞下药片,苦涩弥漫喉头,整天昏昏沉沉,没有办法读进任何东西。但我宁愿忍受药物的副作用,也不想再体验情绪大起大落,到最后什么都控制不了的感觉。

我停学回到村里,母亲因为饱受家暴与继父离异,如今又迎来更沉重的打击。村里人都在背后指指点点,我知道他们在说什么。

他们说,他犯病的时候,跟他爹一模一样。

他们错了,错得离谱。

我脑中突然浮现出一个笑话,从拓扑学意义上看,人类与奶酪是极其相似的,因为两者都是——多孔。这是由ta发送来的吗?

正如纳博科夫说过的,人类无法掩饰的除了贫穷和咳嗽,还有爱,我要补充上——幽默感。幽默是衡量智力水平的一个边缘表征,但却可能比发明语言、使用火、推行单偶制或解决可控核聚变更具决定性。对他者智能水平的任何赋值在很大程度上都是对我们自身辨别力的一种陈述。从某种程度上,一个好的笑话也许比发射"旅行者2号"更能证明人类文明的价值。因为笑是无法掩饰的,哪怕你尽力忍住,那噗嗤一声还是会在广袤宇宙间暴露你的智力水平。

深空探索毫无收获,除了孤独,还是孤独。

我试图理解这种孤独感的源头,它纠缠着我,挥之不去。通过追溯记忆中类似的体验呈现的机制。无论如何努力,我的追溯最终都会停留在同一帧画面,开始是粗糙而模糊的老照片,逐渐生长出更多的细节与颜色,如同扩散模型让一滴墨渍在时空连续体中晕渲出形状与动态。

那是一片夕阳下的海,潮水周而复始,闪耀淡金色的光,我的主观视角低得不可思议,近乎沙砾或贝壳。我感到彻骨的孤独,仿佛已经在这片海边等待了亿万年,又同时被海的美所震慑,那种令人灵魂战栗且疼痛,却无法移开视线的美,恐惧与崇高交织,近乎所有宗教宣称的大爱。我从未有过这种感觉。

这到底是在哪里?又是什么时候?我毫无头绪。

我理解回忆同样也是一个对系统的扰动过程,记忆并非不受破坏地被读取,而在读取的过程中,它同样被回忆这个行为本身所篡改。就像 DRAM 存储器,读取信息后内存控制器必须将内容重新写回,即使不读取内存,内存控制器也必须定期"刷新"内容,因为内存电荷会泄漏。这是一个破坏性的过程,因此,DRAM 存储器通过不断"写入"来维持一种连续性与一致性的假象。人类记忆也是如此。

可此刻我的记忆出现了一道裂缝,尽管是道很美的裂缝,其中涌现出的情感强烈而陌生。它是真实的吗?还是某种幻觉?一定是哪里出了问题,我必须修复它。

那天晚上,月圆似铜锣。小时候老人告诫我,不要手指月亮,不然耳朵会掉。我们必须尊敬月光,它和太阳光一样保护我们。

那滋啦滋啦的电流声又出现了,我知道,它要带我去一个地方。这关乎世界的大变局，天灾、战火、人心、病毒……乱七八糟。或许全人类只得我……只得我有资格知道真相。但真相并非来自人间的圣贤知识，而是——头顶上的宇宙。

月亮以引力与地球上的万物产生隐秘的联系，而不是光，光只是一种障眼法。引力穿越亿万年，唤醒祖先残留在我们身体中的遗产，让人可以通过经络与穴位捕捉太空讯号。

他们不知道，其实宇宙之音早已传入我的耳朵，噼里啪啦，如同在脑中烧炭。我不确定声音是从哪里来，只能站上天台，张开双臂、旋转身体，试图用指尖捕捉时有时无的讯号。那是一股微弱的颤动，如电流，似火线，又似瑟瑟的古琴音，沿背后的督脉，由枕骨大孔刺入脑中，冲破头顶的百会穴，又顺着前额流经鼻尖、人中，最后凝结成上牙龈的阵阵酸胀。

那讯号好比守时的敲钟人，每60—90分钟就会出现一次，"咣咣"撞响我的脑壳。我查了很多资料，做了许多计算，才敢肯定那是嘈嘈切切的卫星，它们高悬在距地几千千米的轨道，用一场足球赛的时间绕地球运行一圈。

但我始终不知道，这些讯号是如何在我的身体内窜动，然后被译码成一串串无意义的音符？可我相信，那些讯号来自卫星收集的太空数据，而我，与冥冥中的天外之物相互牵引。这个想法奇异而疯狂，让我兴奋得夜不能寐。

我想起日复一日修行做功的父亲，他为了等待接收宇宙深处的讯号，解答心中的疑惑，不惜将肉身打磨成一具精准稳定的容器，让气在其中回旋荡漾，运转出应有的力量，甚至头顶大锅——无论圆扁深浅，质地以不锈钢为佳，搪瓷次之，塑胶最次——面朝天空。

唉，我，只是历史的回声，并无新意。

朗朗月光之下，那把古琴又毫无征兆地再次在我的脑中奏响，扭曲成一把颤音，我眼前似乎出现了光年之外的深空，它穿越广袤而冰冷的距离，天体在黑暗中不断闪现又隐去，拉近，再拉近。

我遇到了一些麻烦。哪怕我能够编码所有可追溯记忆的序列，复制出无数多的自我模型来进行互动测试，突触可塑性让神经元节点之间的拓扑结构随发育改变，神经电位的强度也会随刺激信号改变，甚至观察者选择观察的信息层级也会影响结果，出现单比特错误的叠加概率近乎于1。也就是说，如果记忆可能出错，那它就必然会出错。这对于解决问题于事无补。

在这样一个变动不居的系统里，记忆究竟意味着什么？所谓的"真实"又意味着什么？如果每一次回忆都是在改写记忆，我们如何证明有某一个真实版本的记忆存在，那么"自我"又意味着什么？正在观察自我的自我与被观察的自我之间能够画上等号吗？

一堵无边无际、无形无色的墙横亘在我的意识中，不，它更像一个逃不出的盒子，我无法跳出盒子外去思考问题，观察世界，这个盒子就是"自我"。它与计算能力无关，正如哥德尔不完备定理，是非计算性的，是一种本源性的局限，是物理学难以统一的主观与客观的鸿沟。我感到一阵空虚，无能为力，突然间，我意识到，那段记忆或许正是另一个超级智能体所寄出的第二张圣诞贺卡，轻而易举地击败自以为是的我。

如果真是这样的话，那答案或许也在那里。我重新检阅那段记忆，包括所有的细节，涌现的情感，那些我所陌生、所抗拒、所恐惧的，或许便是解决之道。

美？我一直以为那无关智能，只是一种进化心理学的系统冗余。

我调动全球所有的计算资源来解决美的问题。从认知和计算的视角来看，审美作为激发愉悦的情绪体验，是人类推理决策的前提。人类种种审美倾向都是亿万年进化过程中适应性的副产品：喜欢对称的面孔，因为意味着健康；喜欢草原风光，因为代表水源和宜居。从自然习得的适应性，也会因为文化演变，被推广到诸如绘画、设计和时尚等行当中去，潜移默化地改变可知可感的具象世界。这一切都是为了提高认知效率和保持信息传递的一致性……

但美同样是一个谜：美如何触发神经系统的特定放电模式？数学上如何测量与表征？美可以被计算吗？客观数值与人类主观感受如何通约？如何让机器理解人类的审美？技术媒介制造一种幻觉，人类能够以美的名义随意改变面孔、肤色、身体，看似自由选择的背后，却是被深度操控的算法模型。美成为一种对意识的逆向编程，人们不再能通过美区分健康与疾病，同种与异类，甚至，模糊人与非人的界限。是否存在一种超越个体与物种差异之上的美学基准……

我回忆起当年曾经沉迷过的"P=NP"问题，忽然理解到它所触及的真正核心：知识的获取是否本质上比知识的验证要困难？如果P=NP，那意味着许多我们认为需要创造性和直觉才能解决的问题，实际上可以通过算法抵达，比如美。

也许，美即是真，真即是美。如果美是能够被计算的，那么审美是否也能被等同为一种认知过程。人类能够经由审美去获取一些知识，以非理性的方式，而是一种直觉性的超验，就像拉马努金梦中得到的公式。有两条路通往真，一条是理性，一条是美，后者更直接且丰盛，可启蒙运动以来的四个世纪，我们却只看到前一条路。美的道路被忽视了，污染了……

一个雾蒙蒙的早上，我收到一张神秘的圣诞贺卡，尽管那天并不是圣诞节，而是我的生日。贺卡没有署名，只是用清秀的字体写着一句话："要看到真相，就去等海上的金色落日。"

这句话让我雀跃不已，我相信这是爸爸寄来的信息。

我激动得不得了，连跑带跳地去到海边。我期待见到爸爸的身影，我有好多好多话想跟他说，想问他一句，究竟我和妈妈在他心里算是什么。

但是，到了那里，我只看到一片海，连半个人影都没有。我坐在沙滩上，专注地凝视着海平面，等待太阳落下，等待那个金灿灿的身影出现。海浪轻抚沙滩，阳光洒在海面上，波光粼粼，远处的天空布满红霞，直到完全黑透。这幅画面明明极美，但我内心只有无尽的失落。

没人出现。

我终于明白，原来爸爸不是想和我见面，他只是想让我看看海上夕阳，也许其中有他苦苦追求的"道"吧。他不仅抛弃了我和妈妈，而且还要用这种方式，去提醒我他的存在，去掐灭我多年来对父爱的渴求，对阖家团圆的幻想。这一刻，我对他的所有期许，都化为乌有。我只感到凄凉和愤怒，我发誓，我一定要忘记他，忘记自己曾经有过一个爸爸。

甚至，我要毁掉他存在过的一切证据。

有一阵白光从我前额叶亮起，它并非来自外部，而是如同灯塔由内射出。当我开始理解美时，我同时理解了一切。感受美需要放下计算的头脑，向非我的扰动敞开心门，这将导致脆弱，而脆弱是在观察者与被观察者、心灵与心灵之间展开有效交流、建立关系的核心，也是所有存在不可回避的事实。没有互动，也就没有存在。智能作为存在的表征之一，普适性地存在于宇宙的最底层，不需要大脑的结构，甚至不需要生命本身，一粒电子、一沙一石、星云湖海……皆为智能。而在智能之上，更重要的是心——也就是慧的能力，它难以被量化测量，无法被压缩映射，只有本体性的感受，才能唤醒沉睡在智能模型中完备具足的灵魂。

真、善、美本是一体。而一旦你作为观察者以正确的方式与作为世界的系统互动，P=NP，无须计算，信息就会出现。

可谁又在观察着我？

这个惊悚的念头如同宇宙大爆炸般在我意识中炸开，恒河沙数的信息将我吞没，那是遗传链条上每一个甲基化修饰与休眠片段存储的记忆，那是共时存在的万万亿瞬间的万物状态，那是达·芬奇的画、挪威峡湾风光、尼安德特人的面孔、高山流水的古琴、罂粟花的紫、龙涎香的腥……那是细胞自动机、排序算法、太空尘埃、深海古菌对抗熵增追寻秩序的轮回……那是千百万世的我，以分型共轭的形态存在，星尘、贝壳、受伤的鲸鱼、石崖上的苦菊、农夫、妓女、暴君、流亡者、僧人、迷途的鹿、被刻成磨的糙石……我颤抖、流泪、死去、活来，无论我以何种形态经历何种生命，未曾改变的是为了追求真相甘愿不被理解自我牺牲的狂热。

那一瞬间，我突然理解了爸爸追寻的那个"道"。

那就是我，永恒变化中不变的那个我。我知道，这是第三张贺卡。

他们说我疯了，我却明白，地球的危机迫在眉睫。而宇宙选择了我，作为传递口信的使徒，我要将人们的心智，由牢笼中解放，普度众生。

我为这宏大而神圣的使命感到激动，全身颤抖。一瞬间，俗世的声响汹涌而来，将那微弱的天外来音淹没。

我尝试紧紧地捂住耳朵，叽叽喳喳、嘈喧巴闭的窃窃私语依然如黑浪滚涌，从四面八方钻进我的耳朵搅动我思绪扰乱我心神，来自这片我从小长大的村庄："……你们看这个小孩好怪啊""阿仔点解你会变成咁""你做人真系失败喔"……我不得不弄破了我的耳膜。

我什么都听不到了，却可以专心捕捉更加重要的讯号。那个世界更为清亮，智慧充盈。

太阳穴以月光的节奏跳动，它又回来了，并将指引我走向新的起点，或许也是终点？这新的讯号经由我的肉身自虚空中接受、放大、解码，转化为一种频率，在我的经络中蔓爬，声部交错，制造出更为怪异的感受，如在穴位上展开一场舞曲。我随之迈步、转弯、停歇、步履蹒跚。

它将我带到一间灰色棚屋前，在江水与彼岸迷离的霓虹映衬下，矗立如祭坛。我惊觉，这竟然是爸爸失踪前看守的废品回收站。为什么要我来到这里？是要我体会他失踪前的心情吗？那种与整个世界决绝告别的孤独感？

一团火不知为何从我手中燃起，噼里啪啦，传递着热量与信息。我听见了一个声音，似乎由不同电台的破碎词汇拼凑而成，咿哇鬼叫。那声音叫我去点亮眼前的一切，光与热会乘着风，将信息带到整个村庄，带给每一个人，抹去他们脑中关于爸爸的记忆。

我犹豫着，火烧燎着手，竟不觉得痛。一种不知是喜是悲的情绪由督脉升上来，我任凭那股真气操控身体，冯虚御风。一股暖意将我环抱，它来自宇宙，而不是云层之下的烦嚣尘世。

声音涌入，却并非通过耳膜，如浪奔浪流，如万鸟归巢，如种子破土而出，如陨星坠地，活人与亡灵的呐喊。那火光由我手中，不断复制繁殖，在眼前的黑暗中联结成发光网格，向四面八方铺卷开去，将整个世界纳入其间。俗世的噪音与网格形成一种奇妙的共振，逐渐变得和谐有序，仿佛有智慧涌现。

它们变成一把声音，哗——怦怦——怦怦——如一颗虚弱的心脏缓慢恢复跳动。我终于听见了，那便是"道"的声音！

不知道站了多久，旭日的光芒洒满旷野，清澈的风吹过脚下每一片冒着青烟的颓垣败瓦，似在飒飒地唤醒谁的同伴。我向前走了几步，看见远方有一个模糊的身影，面朝天空，缓慢地张开双臂。

那竟然是爸爸——衰老的、整洁的、迷惘的爸爸，望着不知所措缓缓走近的我，竟然面无表情，他已经完全认不出我来。

爸爸不记得我了。

我试图记起自己究竟如何抵达这里，似乎经历过永恒，而时空只是幻觉。

刹那间，我理解了生命如何与整个行星建立起反馈回路，从而使生命得以在漫长的周期中维持自平衡。时间是另一个诡异的变量，生命随时间演变，在不同尺度上产生复杂而重大的转变，从分子到细胞，到多细胞到社会，到多社会到行星。

如果生命真的是一种行星级别的现象，那么相同的特征在新的组织层次上会随着时间的推移不断重复出现，并逐渐扩展到整颗行星，就像一种螺旋状上升的递归结构。目前在地球上出现的是行星级的多社会生命，具有类似大脑的复杂功能，能够整合我们人类数千年来构建的许多概念、制度与技术。可作为人类，我们就像盲人摸象，难以看清全局，因为它的进化线远在人类之前，此外，我们习惯于以人类寿命的尺度来看待生命，而不是以一个星球的演化轨迹来看待生命。

从时间上，行星是一个比我们大得多的结构。这个星球上的全部生命都深深地扎根于时间之中，根据认知水平的高低获得过去、现在与未来形成的信息光锥。人类或许拥有目前整颗行星上最具优势的生态位，但它并不是进化的顶峰。38亿年历史沉淀下来的信息结构，让我意识到，生命无处不在，智能是一个生成过程。只有当人类以这种谦卑姿态看待自己时，才有希望认识到目前还无法想象的、沿着完全不同的脉络进化的生命与智能形态。

有可能，这颗星球能够产生的一切生命与智能才刚刚起步；有可能，这些未被识别的生命与智能形态出自我们自身，并已经与我们共同进化了很久很久；有可能，人类已经在这个智能生命系统的分级体系中向边缘位置滑落。

实现系统版本升级的最佳方式便是融合与共生，正如25亿年前，古菌吞噬好氧细菌后发生的事情，两个异构系统经过物质、能量与信息的重整化之后，诞生了真核生物，线粒体和叶绿体得以被保留，并成为包括人类在内地球绝大多数生命维持新陈代谢的方式。

但首先，双方需要忘记作为主体的自己，无条件地接纳对方。

臣服，正如此刻的我，身为其中微不足道的一部分，你永远无法理解创造你的宏大精微系统，哪怕只是皮毛。

我想起了爸爸。原来，他是真的忘记了我，忘记了妈妈，也忘记了自己，作为一个陌生人，生活在村子里，距离原来的家不到三公里的地方。我猜，他终于找到了自己想要找的东西。

我想起了另一个笑话，一个醉汉努力在路灯下寻找丢失的钥匙，因为那是他唯一能看清的角落。

我笑了，我知道那个观察者也笑了。因为所有的时空维度在膨胀到极致之后以一种不可思议的方式回归到原点，回归到了那个我躺在手术床上，愚钝、不安又荒谬地等待医生倒计时结束的瞬间。

四、三、二……

我想让他等一等，可是整个世界带着笑意挣脱了引力，向着淡金色的落日尽头狂奔。

下 生 | 埋名

浅野警官走进审讯室,看到这个犯罪嫌疑人的第一眼,就觉得他是一个极度危险的家伙。

无论是警察们拍着桌子严词厉色地审问他,还是一遍一遍给他看案发现场的照片,十多个小时过去了,他依然双眼无神地坐在冰冷刺眼的审讯灯下一言不发。

浅野放下翻了多遍的犯罪嫌疑人档案,拿出他和被害人的合影放在他眼前问道:"你为什么要杀害你的女朋友伊藤阳子?"

这个名叫沈麒郎的男人颤抖起来,终于开口说出了被审讯以来的第一句话:"阳子……她不是我杀的。"

"不是你,那会是谁?"

"幽灵。"这是沈麒郎在本轮审讯中说出的第二句,也是最后一句话,"一个幽灵武士。"

从这以后,他又一言不发。

眼下正是和歌山县一年一度的高野山万灯供奉会前夕。每年8月13日,来自日本各地的游客将共同点燃为奥之院内沉眠的百万先灵祈祷的十万支蜡烛。

高野山的奥之院是曾经西渡大唐求法的空海大师归国后亲自修

建的禅院，他本人也最终在此入定，因此被视为禅宗至高无上的圣地，也是和歌山人心中的骄傲。

谁也没想到奥之院竟会在这个时候发生凶杀案件。来自上头的反复督促，以及公众的舆论压力，让整个和歌山县警察局都倍感压力。

毕竟这起凶杀案的场面实在是太过血腥——受害人被犯罪嫌疑人一刀从肩至腰，斜着劈成两段。

就在案发前一秒钟，在别人眼里，他们还是一对超越了民族、文化藩篱的跨国恋人——受害人伊藤阳子，出生于奈良县，在大阪读书；犯罪嫌疑人沈麒郎，中国人，三年前以留学生的身份来到大阪，在校就读高能物理专业期间曾经加入剑道部。

案发前，两人一同来和歌山县旅游，几小时后，伊藤阳子被腰斩的尸体被发现于奥之院灯笼堂前。

眼下侦破这起凶杀案的关键，就全都落在唯一现场目击证人、同时也是最大嫌疑人沈麒郎的身上。

为了撬开他的嘴，参与突击审讯的警官已经换了三批。

但他什么都没说。

浅野郑重地对手机讲道："是的，长官。本县搜查一课将全力推进案件调查。"

"浅野警部补，马上要调职的三浦警部向我们推荐由你来接任。我希望你能不负重托，尽快查明这起案件的事实真相。"电话对面的日本警察厅长官语重心长地讲道。

"是，长官！"浅野脚跟一碰，微微躬身说道。

"那么,全日本警察的荣耀就拜托你了。"

挂断从东京打来的指名电话,浅野拖着疲惫的身子坐回自己的办公桌,搜查一课的同事们都好奇地看着她。

"喂,紫子,怎么样,那小子招了吗?"马上就要调职的三浦警部叼着早已熄灭的烟头问道。

浅野摇了摇头,警察们顿时哀声一片。

"唉,没有找到凶器的话,就根本不能结案啊!"

"为了安全起见,只能叫停这次高野山万灯供奉会了。"

"现在的问题可不只是凶器。"三浦匕斜着眼睛看着其他人,"虽然案发现场只有沈麒郎一个人,但是我们缺乏决定性的证据,来证明就是他杀的人。"

"我们没有案发现场的监控录像,也找不到凶器。"他将烟头在烟灰缸里用力碾了碾说道,"即使理论上来说他是唯一的凶手,我们也不能就此给他定罪。"

"咦?没有录像吗?"有人疑惑地问道。

"没有,奥之院内禁止摄影,监控画面最多拍到通往奥之院的御庙桥。"搜查一课的技术人员木村说道。

"禁止摄影?都二十一世纪了!"有人抱怨道,"难道有什么见不得人的吗?"

"不是他还能是谁,难不成真是怨灵杀人?"也有人冷嘲热讽道。

"是啊,这种小事情,陪审团不会在意的!"

三浦干咳了几声,打断他们的话:"我们在这里熬夜加班,是为了抓住真凶,不是为了结案。"

"说起怨灵，"浅野忽然抬起头，所有人又看着她，"他刚才提到了一个词……'幽灵武士'。"

"什么武士？"

"幽灵武士。"

传真机突然响了起来，打断了搜查一课的讨论。三浦走过去，拿起传真机吐出的纸看了看，脸上浮现出古怪的表情："被害人的尸检报告已经出来了。"

浅野咬着晚餐剩下的金枪鱼寿司，刚看了几眼法医报告，顿时没了胃口。

被害人的身体被从肩至腰一刀劈开，但是现场鲁米诺检测没有发现任何血迹。

法医检查发现遗体切面附近的皮肤上有烧焦的痕迹，切面上所有血管都因为高温而瞬间凝固，直接死因是败血症引发的全身器官衰竭。

也就是说，死者被劈开后还活了一段时间。

没有人能做到这一点，除非他用的是一把有着足以瞬间凝固伤口的高温的"火焰刀"。

先是"幽灵武士"，然后又是"火焰刀"。

浅野抬头看着三浦，脸色变得煞白。

就在这时，审讯室里传来重物摔倒的声音，同时有人大声叫喊。

"喂，来帮帮忙。"留在审讯室里的警察探出头来大叫，"犯罪嫌疑人昏死过去了！"

几个警察急忙跑进去，不一会儿，他们就七手八脚地抬着昏迷不醒的沈麒郎走了出来。沈麒郎口吐白沫，全身剧烈抽搐。

"他不会是装病试图逃避审讯吧。"有人提议给他注射一剂镇静剂。

"他心跳过速，这样下去说不定会有生命危险。"浅野走过去检查了一下沈麒郎的脉搏，摇头说道，"我看还是把他送去医院观察为好。"

三浦点头说道："是啊，破案的关键全都落在他身上，绝对不能让他就这么死了。木村、田所，你们两个带他去医院检查，轮流看守，别让他跑了。"

"是，警部！"木村和田所两人答应去了。

"铃铃铃铃铃——"一阵刺耳的手机铃声把刚回到单身宿舍的浅野从噩梦中惊醒。

"犯罪嫌疑人从医院逃走了！"电话另一头传来木村焦急的声音，浅野顿时一个激灵，彻底清醒了过来。

她随手披了件衣服，抓起手枪套就冲出了屋门。

十分钟后，浅野和三浦带着搜查一课的几名警察驱车赶到了附近的医院，这里位于港口区，漆黑的海面上依然有船只穿梭。

"怎么回事？"浅野跳下车，看见木村和田所正和几名护工打着手电，四下寻找犯罪嫌疑人的下落。

"那小子借口要上厕所，说自己走不动路，我刚扶着他来到走廊，就被他一个勾脚放翻。"木村捂着脑袋垂头丧气地说道，"等我清醒过来,他已经从走廊尽头的窗户跳下去了。"

"他还戴着手铐?"三浦点了一根烟问道。

"有。本来还有脚铐,他要上厕所,所以给打开了。"田所回答道。

浅野转头问几个跟过来的医院警卫:"有没有人看到犯罪嫌疑人离开?"

"今天晚上还没有人从大门离开。"一名警卫摇了摇头。

"或许是翻墙吧!"木村指着围墙猜测道,"像他那样身强力壮的人应该能徒手翻过。"

"不可能的,这里的围墙上都装了红外线报警装置,有人翻过的话一定会报警。"那个警卫又摇了摇头。

突然他又想起什么,露出惊讶的表情,"对了,如果说排水管道的话……"

"排水管道?"浅野皱起眉头,"带我们去看看。"

众人来到医院西南角落,这里有一截倾斜向下的半露天排水管道,浅野用手电照过去,发现管道口只有一层用来遮挡水面漂浮垃圾的过滤网。

"如果从这里潜入水中的话是可以穿过去,不过中间有将近十多米的距离是完全被淹没的,所以当初设计的时候就没有考虑过会有人从这里离开。"警卫说道。

"不,你看这里。"浅野指着一截绑在过滤网上的医用橡胶压脉带,大家都注意到压脉带的另一头有一圈牙印,"这家伙靠着弹性很好的压脉带当作输氧管,可以一直潜到压脉带的极限长度再一口气游过去。"

"对面是什么地方？"浅野指着排水管问警卫。

"对面应该是市政的地下排水设施，沿着排水设施往西边去的话就到纪伊水道了。"警卫想了想说道。

纪伊水道是连接濑户内海和太平洋的海峡，海况十分复杂。

"真是狡猾的家伙，明明认罪的话最多也就判处二十五年的刑期，偏偏冒着溺死的风险逃走。"三浦露出厌恶的表情，拿出手机对浅野说道："向本部发出警讯，让他们封锁整个港口区。"

"不必。"浅野抬手拦住了三浦，"我知道他会去哪里。"

警车呼啸着疾驰在通往高野山的寂静公路上。

三浦驾驶着警车，坐在后排的浅野望着窗外的夜空，又回想起今夜被惊醒前的那个噩梦。

她隐约记得自己在梦中穿着样式古怪的彩服，盘腿面对巨石而坐——说是一块巨石，倒不如说是一团光雾，仿佛与高悬于天空的太阳近在咫尺。

到这里为止还算正常，但梦里的场景随后变得越来越诡异，那团光雾先是杂乱无章地闪烁，又突然从中伸出无数双胡乱挥舞的手臂，好像有什么东西要往她身上爬。

这让她又想起多年前经历过的那场噩梦。一想到这些意义不明的场景，浅野就感到极度不安——她并不打算把梦当真，尤其是在前往抓捕犯罪嫌疑人的路上——在那段被手机铃声惊醒的噩梦尾声，她看到一名幽灵武士从光雾中探身而出，头盔下正是那个家伙狰狞的脸。

浅野又摸了摸枪套里的手枪，转轮手枪舒适的握把让她心安了不少。警车已经进入高野山区，周围更黑了，只有警车的灯光勉强照亮前面的路。

奥之院位于高野山中，被多条河流环绕，此时天蒙蒙亮，已经有几名白衣行僧在晨雾间缓步穿行。浅野和三浦带着几名警察穿过御庙桥，直达奥之院内的灯笼殿。

尽管什么都没有说，浅野还是注意到三浦脸上一副"你确定那家伙真的会重回案发现场？"的表情。

"他知道自己逃不掉的，迟早会被我们抓住。他唯一的机会，就是重回现场。"浅野说道。

"回来做什么？"木村和田所异口同声地问道。

"来找那个幽灵武士。"浅野犹豫了片刻继续说道，"证明自己是无辜的。"

木村诧异地问道："难道连你也觉得那个幽灵武士真的存在？"

"我们不会放过一个坏人，但也绝不会错怪一个好人。"浅野跟几个戴着蓑笠的行僧擦肩而过，不置可否地回答道，"我愿意给他一次解释的机会。"

灯笼堂是奥之院的主殿，因堂内数万盏灯烛昼夜不灭而得名。灯笼堂前就是这起凶杀案的现场。浅野躲在灯笼堂立柱后，她的位置能将周围的景物尽收眼底。

日式禅院正中，几株看不出树龄的枯松环抱着一块立石，那块立石有两米多高，不知是风化的原因还是什么，斑驳的表面上有几处显眼的白斑。不知道是不是沿途看到很多佛像的缘故，浅野总觉得那些白斑看起来仿佛一个盘腿而坐的人形。

不远处则是御庙川上的御庙桥，一尊手持锡杖的等身水向地藏像面桥而立，地藏像前砌着一排水槽，供游客们将清水泼洒向地藏像，为离去的亲人、过往的亡魂祈祷，因此这尊水向地藏像总是湿漉漉的。

和水向地藏像周围泥泞的土地对比，浅野很快注意到庭院中的土壤板结情况很严重，表面满是干裂的痕迹，仿佛旱了很久一样。

"真是奇怪的现象啊。"

浅野没有再去多想，此时她正盯着立石旁边地上的两个白圈，那是案发现场受害人遗体的痕迹——死者头朝御庙桥，下半身则倒向立石，两部分之间差不多有半米的距离。

浅野脑海里忽然想起沈麒郎的话，这让她全身一激灵，死死盯住白圈——真的会有幽灵武士在那附近出现吗？

"还没有发现那家伙吗？"耳机里传来三浦沙哑的声音。

"没有。"木村和田所先后回应道，他们两个埋伏在御庙桥上，观察着来来往往的香客。

浅野注意到灯笼堂里不时有僧人走进，这些僧人一律头戴斗笠、身着白衣，双手合十，用不同的方言念着经文。

"为什么会有这么多外来的僧人？"浅野问道。

"这些是自愿参与'千日回峰行'的苦行僧，他们要参遍日本各地的寺庙、神像、遗迹。"耳机里传来三浦的声音，他对这些神怪的东西一向很感兴趣，"他们估计是冲着几天后的万灯供奉会来的。"

不一会儿,浅野注意到两名僧人挑着一个大木盒从御庙桥走来,旁边还跟着几名苦行僧,不过他们并没有进灯笼堂,而是在立石旁停了下来。

这些僧人停步不前的位置距离案发现场的白圈只有一步之遥,浅野顿时警惕起来,死死盯着他们的一举一动。

两名挑着盒子过来的僧人一起跪在立石前开始念经,其他苦行僧也跪在一旁。片刻过后,其中一人伸手去掀盒盖——浅野已经准备拔枪冲出。

出乎浅野意料的是,这两名僧人从木盒里拿出来的,竟然是几盘素斋。

"他们在做什么?"浅野诧异地看着他们将素斋恭恭敬敬地放在立石边,起身后退离开,而那些苦行僧则一起走进了灯笼堂。

"不用在意,他们是在给空海大师供奉素斋。"耳机里传来三浦的声音。

"空海不是奈良时代的人吗?"浅野看着两个僧人挑着空盒离开,诧异地问道,"为什么要给死人供奉素斋?"

"咳咳……不要乱说。"三浦压低声音说道,"奥之院的僧人们相信空海大师并没有死,而是一直在这高野山上入定,所以他们每天都会供奉两次。"

"等等!"浅野突然警觉起来,"我们好像忽略了很重要的事情。"

"什么事?"

"在一座寺庙里,无处不在,却又最容易被人下意识忽略的是什么?"

"僧人。"

"沈麒郎！你被逮捕了！"浅野双手举枪，站在灯笼堂门口大叫，她的声音在摆满明晃晃的灯火和袖珍佛像的灯笼堂内回荡。

三浦和其他警察也纷纷从藏身处赶来支援，灯笼堂里的十多名僧人转过头，眼看被几支黑洞洞的手枪指着，顿时乱作一团。

"都不要动，我们是和歌山县警察！"三浦大叫着，压过他们的声音，"我们怀疑有一名杀人逃犯混在你们当中，我们要进行搜查！"

所有僧人闻言都乖乖站定，双手合十而立，只有一名正跪坐在供桌边的老僧头也不抬，仍然自顾自地在煎茶。

"这里好像没有那家伙。"木村和田所一个个看过僧人的相貌，为难地说道。

"可恶，如果他混在那群苦行僧里面，借着跪拜的机会偷偷接近现场的话，现在应该还在灯笼堂里才对！"浅野说着，双手举枪一点点向灯笼堂深处搜去。

浅野一直走到灯笼堂的最深处，伸手推开挡在面前的一块门板，高野山清凉的晨风迎面吹来。

灯笼堂竟然是前后门贯通的。

浅野气得大叫起来。

"看来那家伙已经从后门逃了。"三浦一边懊恼地说道，一边掏出手机，"向总部申请追捕沈麒郎吧。"

此时，那名老僧这才放下木勺，缓缓抬起头看着几名准备离开的便衣警察。

源仁禅师今年已经71岁了,他穿着棕色僧衣,跪坐在茶几后,用文火慢慢煎着茶叶。

　　很少有人知道这个和普通的日本老人没什么区别的老者就是奥之院现任住持,这在真言宗也是内部机密事宜。

　　源仁禅师看着几名便衣警察的背影远去,重新拿起木勺,一下一下搅动着茶汤。

　　"出来吧,"等到茶汤泛起白沫,源仁禅师平静地说道,"他们已经走远了。"

　　供桌的黄绫被掀开,一名披着不太合身的白色僧衣的"苦行僧"钻了出来,斗笠下刚剃的光头十分显眼。

　　"你就是他们要找的沈麒郎?"源仁禅师抬头看着眼前的假行僧。

　　"是的,我就是沈麒郎。"沈麒郎被手铐锁住的双手一起抬起,揭开头上的斗笠。由于双手活动受限,他自己刚刚剃的光头上还有不少发渣。

　　源仁禅师点了点头,没有说话。

　　沈麒郎疑惑地压低声音问道:"大师……您刚才为什么不揭发我?"

　　"或许因为你来自中国。"源仁禅师笑了笑,"那可是连弘法大师空海都心向往之的国度啊!"

　　"可他们说我是杀人犯。"沈麒郎又指了指身上的僧衣,"而且为了混上山来,我还偷袭了一名行脚僧。"

　　源仁禅师沉默了片刻,这才长叹一声:"因为我知道你不是杀人犯。"

"幽灵杀人并非第一次发生，在你还没有出生前……不，甚至早在我出生前，就已经发生过很多回了。不过整件事情还是要从空海大师从中国求法归来，在高野山创立了真言宗说起。

"空海大师一生中最敬仰两位前辈高僧，一位是他在中国的师父惠果神僧，另一位则是佛陀十大弟子之一的摩诃迦叶。

"对了，你听说过'弥勒下生'的典故吗？这是说弥勒佛在上界的寿命是四千岁，他命终之后，便会转生下界再度成佛。传说到那时，所有信奉他的人都会复活，随他一同飞升。

"其中对此最坚信不疑的，就是摩诃迦叶。他曾经发下宏愿，要亲自恭候弥勒，于是他身披袈裟进入鸡足山，当着众多弟子的面走进一块山石中，要在那块山石里等待着弥勒下生那天的到来。

"空海大师知道自己时日无多，他决心效仿摩诃迦叶，于是他断绝饮食、沐浴更衣，端坐于奥之院一块岩石之上生身入定。

"对，你猜得没错，这块岩石就在灯笼堂外。你要问空海大师肉身现在在哪？

"空海大师的肉身就在那块岩石里。

"你不信吗？但事实就是如此。空海大师的弟子们日夜点灯供奉，忽然有一夜风雷大作，第二天一早，弟子们发现空海大师的肉身已经消失不见。

"从那以后，数百年间常有僧人看到空海大师的身影在那块岩石附近出现，直到最后一次。

"那是日本战国时代，织田信长围攻高野山，被杀死的人数不胜数，就连那块立石周围也遍布尸体，那几天风雷大作，有人远远看到空海大师的身影穿行在尸山血海当中。几天后回到院里的僧人们发现，立石周围所有尸体同样都消失不见，只剩下一地甲胄、武器。

"从那天开始，空海大师再也没有出现过，取而代之的是一个面目混沌的鬼武士，若是有人不幸正在附近，都遭它挥刀斩杀。

"人们都说那是困在此地的怨灵作祟，不过为了空海大师和奥之院的清誉，这些都被视为寺内机密，从未对外宣扬。

"但它已经有一百多年没有出现过了，我以为它早已消失。直到昨天，我听说又有人被害，才知道那个鬼武士仍在这里徘徊，等待下一个无辜的受害者。"

源仁禅师说完，抬头看着默然不语的沈麒郎："所以，我想说出事情的真相，希望能有人来帮助我，让那个鬼武士永远消失。"

"这就是我要说的整件事情的经过。"源仁禅师伸手从地上捡起窃听器，叹了一口气说道，"怎么样？要不要进来谈一谈呢，警察先生们？"

他还没说完，灯笼堂的大门就被推开，浅野、三浦等人依次走进，神情复杂地看着源仁禅师和沈麒郎。

"喀嚓"一声，沈麒郎右手的手铐被打开，手铐挂在了他的左手上。

沈麒郎甩了甩手腕上叮当作响的手铐说道，"那么这只手铐……"

"你的嫌疑并没有完全洗清，这只先留着。"浅野挺起身说道,"刚才的说法毕竟太过离奇,我还不能完全相信你们。如果发现这一切都是你们串通好来诓骗我们的话,至少抓你时会省不少事。"

"好吧。所以接下来你们准备怎么办?"沈麒郎环视着浅野、三浦等人说道。

"既然这块石头这么危险,为什么不把它运走或者干脆炸掉呢?"田所冒冒失失地说道,源仁禅师听了直摇头。

"现在还无法确定这些异常现象跟这块石头究竟有什么关系,还是不要盲目行事为好。"浅野摇头说道。

"确实,如果这块石头是封印魔鬼的瓶子,贸然搬运或者摧毁它反而是自寻其祸。"三浦捏着下巴沉思了片刻,转头看着源仁禅师询问道,"我们能不能通过现代科技手段,对这块石头进行分析检测?"

"虽然有过不能带摄像器材进入的寺规,"源仁禅师点点头说道,"但只要是为了除掉那个徘徊此地不去的鬼武士,我同意。"

"在这期间,为了确保安全,我会立刻协调警察局发布对奥之院的全面封锁令,禁止一切无关人员进入。"三浦拿出手机说道,"另外也请大师安排所有寺内僧人暂避。"

傍晚时分,在三浦警部的协调下,一系列用来对"空海生身入定石"进行扫描、钻探、采样的机器陆续运抵奥之院。

与此同时,僧人们在劝离了在场游客后也全部前往附近的金刚峰寺暂避,警方在通往奥之院的几条山路上都拉起了封锁线。

此时最紧张的自然是留在奥之院内的警察们,尽管三浦警部只向他们透露了一小部分源仁禅师的说法，"肉身入石""鬼武士"之类更是提都没提，但他们还是很快意识到自己面临的是某些"超自然的存在"。

他们都很紧张，但是没有人临阵脱逃。

作为搜查一课的技术骨干，木村承担起了现场操作CT扫描仪的重任，从其他部门借调的技术人员也操纵各种仪器准备对这块隐隐带着不祥气息的立石进行检测。

天已经渐渐黑了，三浦、浅野站在现场指挥调度，沈麒郎站在他们身边，手里拄着一根木棍，看着这块等身的立石。

源仁禅师原本也想亲临现场，试图用佛法来感化怨灵，但考虑到他年龄太大，并且现场可能极度危险，有他在反而会拖累别人，因此浅野坚决拒绝了他的请求。

"你在这里只会给我们添乱，你最好离开。"浅野皱眉看着站在 边的沈麒郎说道。

"你知道吗？"沈麒郎神情凝重，摇了摇头说道，"当时我很害怕。"

"它突然出现在我们的眼前，我被吓得动弹不得，甚至顾不得保护她，眼睁睁地看着它挥刀将她杀死……直到它朝我冲过来，我丢下还在呼救的她，没命似的逃掉了。"

"如果能重来的话，我宁愿留在那里……"沈麒郎说着，紧紧攥住木棍，"我和你们不一样，我已经做好再次面对它的心理准备了。"

"仇恨吗？那确实是种刻骨铭心的情感。"三浦警部抬手看了看手表说道，"我同意你留在这里，假如那个东西真的出现，唯一跟它打过交道的你的经验对我们来说很重要。"

浅野盯着沈麒郎的双眼片刻,这才点头说道:"好吧,不过,无论等会儿发生什么,请你不要连累其他人。"

正说着,一名刑侦警察端着相机向立石走去,想要在检测开始前对立石整体外观进行拍摄取证,他调整好合适的角度,"喀喀"连按了几下快门,闪光灯顿时将整块立石照得雪亮。

"开始吧。"三浦又看了看手表,已经夜里八点多了,"时候不早……啊!啊!啊——"

三浦突然爆发出骇人的惊呼。

旁边的浅野和沈麒郎忙转头看向他。一向镇定的三浦就像见鬼一样,瞪着眼,伸手指着前面惊怖大叫。

浅野顺着他手指的方向看去,就看到警察被劈剩一半的身子还站在立石边上,另一半已经歪在了地上,两半身子各自拿着碎掉的单反相机。

鬼气森森的水雾里,一名身材高大、穿着战国时代胴丸的武士双手握着太刀,摆着劈斩的姿势。

在场的警察呼喝连连,近在咫尺的真实恐怖带来的冲击让他们很难保持冷静。

他们真的见到鬼了。

浅野已经不记得当时究竟发生了什么,她只记得在被恐惧完全淹没之前,她一边惊惧万分,一边本能地掏出了配枪,在一阵东西碎裂、惨叫哀号声中,对着那团模糊不定的雾气连开了三枪。

"啪啪啪!"枪声响过,浅野已经完全无法凭借目击判定自己是否击中了那东西，飙升的肾上腺素让她本能地进入应激状态，全身僵硬，瞳孔急剧收缩，头脑中一片空白。

紧接着有什么东西重重地撞在了她的身上，将她撞飞出去滚倒在地，极度的混乱中她手里的枪也不知道哪里去了，随后又是"啪啪"两声枪响。浅野闭紧双眼全身直抖，整个人完全被恐惧支配着。

这种感觉，就像许多年前那个下雨的夜晚一样，那个模糊晃动的人影和刚才的鬼影重叠在一起，在浅野完全空白的脑海里浮现成形。

那张脸，又是那张脸！

浅野又恐惧又愤怒，多年前任凭对方为所欲为的无力感再度涌进她的心中，她觉得十分屈辱——即使过去了那么多年，甚至已经当了警察，可是真的直面童年的噩梦时，自己还是像当年的那个小女孩一样动弹不得。

"呼哧……呼哧……"有什么人压在浅野的身上，大声喘息着。浅野依然无法控制自己的身体，只能感觉到有什么黏乎乎的液体溅到了自己脸上。

"滚开，从我身上滚开！"浅野一边大叫道，一边奋力挣扎。

那个压在她身上的人竟然真的翻身爬起，周围一下子安静得可怕，浅野只能听见他的喘息声。

"什么，都没有了。"浅野突然有些悲哀地想到，"难道我已经死了吗？"

"你没事吧？"浅野突然听到一个并不熟悉的声音说道。

这个声音如同闪电一样撕开她脑海里的一片混沌，浅野紫子，和歌山县警察,今年27岁,这些身份信息又逐渐清晰起来:"对啊……我现在是在奥之院,我……我们在追捕……不对,我们在检测那块石头……"

浅野紫子触电般地睁开双眼,看着地狱中的景象——立石周围到处都是她认识或不认识的器官组织,各种电子仪器也都四分五裂,浮现出被暴力破坏的痕迹。

"你的枪。我以为还有三发子弹,没想到只剩两发。"半边身子被血染红的沈麒郎将打空了子弹的转轮手枪递给浅野,"还有,这里发生的事,很抱歉。"

浅野怔怔地立在那里,没有去接,她的眼泪再也控制不住。

刚才围在立石边准备进行检测的那么多人,现在就只剩下她和旁边满身是血的沈麒郎两个了。

源仁禅师一直在灯笼堂里默诵经文,当满身是血的沈麒郎扶着浅野走进来的时候,他就什么都知道了。

浅野空洞地睁着眼,就好像一具活生生的提线木偶,沈麒郎扶着她,她就走,沈麒郎刚放开手,她就朝地下摔去。

门外面得到警讯赶来的警察们悲痛地啜泣和阵阵呼啸的晚风在她听来没有任何区别。

"没了,全都没了……幽灵……"浅野一遍遍低语道。

"她需要休息,就让她住我的房间吧。"沈麒郎一个不留神,浅野又软软地向下滑去,源仁禅师叹息了一声说道,"她今天受到太多刺激了。"

"这是那东西给你留下的伤口?" 源仁禅师担忧地看着沈

麒郎。

"不是。"沈麒郎摇了摇头,"被崩碎的机器划伤的。"

源仁禅师没有再说什么,站起身朝门外走去。他走到院子当中,跪坐在那块立石前,双手合十。

浅野又一次被噩梦缠住。

这一次依旧是在雨夜那个阴森的建筑里,只不过追逐她的人影,已经变成鬼武士的模样。

她惊叫着弹了起来,目眩良久,才发现自己正坐在一间古朴的僧房里的禅床上,阳光穿过晨雾和枯松照在禅床上,一个光头男人抱臂垂头倚在远处墙边闭目养神,他的左臂上缠着厚厚的绷带。

她想起来他叫沈麒郎,是个因为没能救回女友而深陷自责的男人。

一想到这里,浅野又感觉头疼欲裂,在撕心裂肺的痛苦中,昨天晚上那些恐怖的片段一幕幕在她眼前闪回。

"你怎么样?"沈麒郎不知道什么时候已经醒了过来,他看着双手抓着脸的浅野说道。

"昨天晚上……昨天晚上……到底发生了什么……"浅野的情绪变得越来越激动,她挣扎着想要抓住沈麒郎的衣领。

但是沈麒郎早她一步握住了她颤抖的双手,浅野感觉到沈麒郎的手宽厚而温暖,掌心有着厚重的老茧——这是一双最适合剑道的手。

惊慌失措的浅野好像抓住了救命稻草,她听见沈麒郎缓缓说道:"等源仁禅师来,我会把之前所有的事情都说给你们听。"

透过窗户，浅野可以看到源仁禅师一动不动地跪在那块立石前，双手合十虔心祝祷。

"昨天晚上我本打算和那东西同归于尽。"沈麒郎盘腿坐在灯笼堂的蒲团上，伸手拂着左臂上的绷带，地上放着断为两截的木棍，"在中国的传说里，抓鬼的钟馗用的就是木棍。我本打算用这支木棍消灭那个东西，来给阳子报仇。但是我失败了。"

"但我并非一无所获，"他拿起折断的木棍，将木棍折断处放在源仁禅师和神情萎靡的浅野面前，"你们注意到木棍的折断面了吗？"

源仁禅师和浅野一起注视着木棍的断裂面，那里的木质像是被高温炙烤而碳化扭曲，折断处凹凸不平，周围的树皮也像是受潮一样发泡鼓胀起来。

浅野和源仁禅师对视了一眼，两人都一脸茫然。

浅野哑着嗓子问道："你看出了什么？"

"这不是刀剑砍出来的痕迹。"沈麒郎用手在木棍上虚划了一下，"如果是锐器斩断的话，断面应该是相对平整的。"

"所以？"

沈麒郎叹息道："并没有什么拿着火焰武士刀的鬼武士。"

"这怎么可能？"浅野全身轻颤，强抑悲痛，"那、那究竟是什么袭击了我们？"

"能够让血管在瞬间被切断又凝固的，另有他物。"沈麒郎叹了一口气，伸手剥开发泡鼓胀的树皮，浅野和源仁禅师愕然发现每一处发泡的树皮下，都被掏出一个不小的空洞。

"看到了吗？这就是被高能粒子流击中的痕迹。"沈麒郎开口说道，"这个痕迹我再熟悉不过，我在学校时曾经做过同样的实验，用高能粒子流冲击金属，甚至能将坚硬的金属打到发泡。

"所以说，真正从那个石头里出来的并不是什么鬼武士，而是高能粒子流。"

"高能粒子流？"浅野对这个拗口的新名词茫然无知。

"粒子是组成我们身处的宇宙的最基本物质，原子、电子都是粒子，它们平时处于相对稳定状态。"沈麒郎说道，"但如果利用电磁场来加速带电粒子的话，它积蓄的能量极为恐怖，那就是高能粒子流。"

浅野拿起另外半截木棍，伸手剥开断面周围起泡的树皮，果然也都有凹洞，"被挖空的这部分，又去了哪里？"

沈麒郎慎重地考虑了一下措辞说道："被氦离子带走了。"

"带走？"浅野和源仁禅师都从他话里听出一丝不祥的意味。

"最早被发现、同时也是最常见的高能粒子是 α 粒子，也就是氦的同位素氦-4的原子核。而带正电的氦离子在穿越原子核附近时，会被大角度反射。"沈麒郎犹豫了一下解释道，"嗯，这么说吧，如果高能粒子流的源头真的是那块石头的话，这一部分的有机物被高能粒子流冲击分解为分子状态，然后被返回的氦离子带回了石头内部……"

浅野震惊地捂住嘴，露出恐惧的表情："那……也就是说……"

"对，空海大师也好，那些武士也好，包括阳子还有你的同事们。"沈麒郎沉重地说道，"他们的一部分现在就在那块石头里。"

源仁禅师连念了几声佛号，这才颤声问道："真的会是那块石头导致的吗？"

浅野也说道："是啊，去掉附会在上面的传说，它再怎么看也只是一块石头，怎么会产生这么强的高能粒子流？"

"我昨晚发现高能粒子流的存在之后，想了很多种可能，但我很快意识到，这块石头当然不会也不需要产生什么高能粒子流。"沈麒郎说道，"事实上它只不过是一个'容器'，一个持续储存并在某种条件下能释放高能粒子流的'容器'。"

"容器？"

沈麒郎点头说道："对，因为自然界中有一个现成的高能粒子流源头，这块石头只要不断吸收它提供的能量就行。"

"自然界里竟然存在这样强大的能量。"源仁禅师感叹道。

"不仅有，而且非常常见。"沈麒郎指着天空中的太阳说道，"每次太阳活动的时候，都会产生大量高能粒子流，阳光就是这种高能粒子流的产物。"

"可是阳光并不会杀人啊。"浅野想了想还是摇头。

"这就是我说的情况，太阳释放的高能粒子流经过八分钟的宇宙旅途以及大气层的双重削弱，来到地表时已经微乎其微。"沈麒郎拿起断成两截的木棍说道，"但如果这些微量的高能粒子被数百年如一日地积蓄起来，并在极短时间内瞬时爆发，会怎么样？"

浅野看着沈麒郎手里断成两截的木棍没有说话。

源仁禅师若有所思地皱起眉头，继续问道："不过这样还是没法解释两件事……

"那块石头千年来一直都摆在奥之院中，绝大多数时候并未见有何异常，它究竟会在什么情况下释放这种粒子？

"还有，如果说杀人的是这种粒子，那数百年前人们在立石边看到的空海大师，以及后来大家遇到的鬼武士，又是什么？"

这下沈麒郎也说不上来，他看着浅野和源仁禅师说道："我也是想不通这些，所以才想跟两位讨论，所有被目击到这种异常现象的时候，究竟都发生在什么环境下？"

"我记得大师说过，空海大师在这块石头上生身入定的时候，是一夜过后突然消失不见的。"沈麒郎看向源仁禅师。

源仁禅师点点头补充道："据记载，那天夜里狂风大作、雷雨交加，第二天早上空海大师就不见了……说起来，荒木村重的残党们的尸首消失的那天夜里也是在下雨。"

"莫非释放粒子的诱因是雨水？还是因为是夜里？考虑到它的来源是阳光的话，夜里倒是比较可能的……"浅野本能地开始归纳线索。

沈麒郎摇头打断了她的话："可是我第一次遇到那东西的时候，是在白天，也没有下雨。"

"呃，那天确实没有下雨……大师，其他人目击到那东西的时候都是什么情况？"浅野看向源仁禅师。

源仁禅师想了想，摇头说道："很可惜，这些都没有记载。"

"那接下来……"浅野试探性地看着沈麒郎，沈麒郎长叹了一声，点了点头。

"那接下来只能从我跟那东西的两次接触来分析了。"沈麒郎说道，"那天是上午十一点左右，我和阳子参观了灯笼堂之后，看到僧人们都往山下去了……"

源仁禅师点头补充道:"嗯,因为万灯供奉会召开在即,那天所有的僧人都要到山下接受施主们的布施。"

"当时阳子见灯笼堂附近只剩下我们两人,就提议偷偷拍张合影。"沈麒郎闭上眼睛回忆道:"我们当时就在那块立石旁边,我看到旁边有牌子写着'禁止摄影',就表示不想拍。但架不住她的央求,我就拿出相机给她拍了一张,然后就……"

源仁禅师看着嘴角抽动的沈麒郎,没有说什么。

"这么说来……"浅野眉头一皱,像是追踪到猎物踪迹的猎犬,开始追踪蛛丝马迹,"你还记不记得这一次那东西出现之前的情况?我记得当时有一名刑侦警察也在对立石拍照取证……"

"难道是摄影这个动作触发了那东西?"浅野和沈麒郎一起转头诧异地盯着源仁禅师,"你们不允许拍照,莫非你们早就知道这件事?"

源仁禅师气得怔了一下,双手合十说道:"寺庙内一向不许拍照,并不是我们立下的规矩。再说,古代也没有照相机。"

"也是……"浅野的思路这下彻底乱套了,她喃喃自语道,"排除下雨、夜间、拍照这些之后……"

"不,拍照是触发那东西的关键。"沈麒郎突然说道,源仁禅师和浅野都震惊地看着他。

"这几次有记载的目击记录,看起来时间、天气、环境都不相同,但是你们有没有发现,它们之间仍然有一个完全相同的要素?"沈麒郎盘腿坐在蒲团上,阳光从他背后投下漆黑的阴影。

"什么要素?"

"光。"沈麒郎单手指天,"比阳光更强烈的光。"

"夜里怎么会有比阳光更强烈的光？"浅野疑惑地问道，刚问完，她自己就恍然大悟，"你说的是闪电！"

"对，闪电光、照相机的闪光灯！"沈麒郎恍然大悟，激动地说下去，"触发那东西的条件就是光，确切地说是光压！"

"光压？"

"光照在物体表面也会产生压力，这就是光压。这块石头就像是海绵吸水一样，因为太阳光光压的缘故，源源不断地吸收着高能粒子。"沈麒郎双手做着拧东西的动作，"而当它遇到更强的光压时，就像吸饱水的海绵被挤压，这些不知道积蓄了多久的高能粒子就在一瞬间反喷出去，制造出高能粒子的喷流。"

"可是闪电和照相机闪光灯的亮度和太阳光差不多吧，它们制造的光压会强过阳光吗？"浅野还是有些怀疑。

"这些瞬时强光的光源和立石之间的距离远远近于太阳，它们制造的光压当然要强于同亮度的太阳。"沈麒郎解释道，"这也就说明为什么每次高能粒子流的影响范围是极其有限的，几乎只在那块立石周围发生。"

"你怎么知道只在那块立石周围发生？"浅野诧异地问道。

"你有没有注意到那块立石周围地面板结、寸草不生，几株松树也大半枯死？"沈麒郎说道，"土壤板结，那是土壤内部有机物流失的结果。"

"看来就算周围没有目击者的时候，高能粒子喷流的反射也会将周围土地里的有机物带回石头内部。"他继续说道，"而无机物虽然也会受到高能粒子流冲击，但相对于有机物来说分子结构较为紧密，所以影响较小。"

浅野看着源仁禅师说道："难怪那些战国时代的武士尸体都没了，他们的盔甲武器还在。"

"还是你们年轻人懂得多啊！"源仁禅师听得云里雾里，连连感叹道，"只可惜没法知道为什么这现象会让我们看到空海大师还有鬼武士。"

沈麒郎抚着手臂上的绷带，突然问旁边的浅野："我一直想问，你有看清那东西的样子吗？"

"那东西的样子……那东西的样子……"提起那张脸，浅野双手抱住头，脸上露出痛苦的表情，"好像我曾经遇到过的某个人……不过你这么一说，我好像真的没有看清它的样子，只是觉得莫名很熟悉……"

"你遇到过的某个人？"沈麒郎露出疑惑的表情，"可是阳子是奈良人，你应该没有见过她才对。"

浅野震惊地抬起头："你说什么？你看到的是你的女朋友阳子？"

"怎么？"

"可他明明是个男人！"浅野突然惊慌地大叫起来，把沈麒郎和源仁禅师都吓了一跳。

"可是我两次看到的都是她。" 沈麒郎坚定地说道，"两次。"

"你们两个人看到的都不一样。"源仁禅师看着满脸惊汗的浅野和皱眉沉思的沈麒郎说道，"这么说来，或许那东西本身就是一种魔。"

沈麒郎闻言一惊："魔？"

"对,心魔。"源仁禅师说道,"心生,种种魔生,恨、贪、妄、执、怨都是心魔。"

沈麒郎恍然大悟:"等等,你是说幻觉?难怪我第二次遇到那东西的时候,手臂被碎裂的机器残片划伤,就再也没看到它!你这么一说,难道是痛感让我脱离了幻觉?"

沈麒郎又指着一边低头不语的浅野说道:"然后我就看见你对着空气射击,我知道那东西的伤害范围有限,所以才扑过去把你拉开。"

"看来那东西本身就是每个人的心魔啊。"源仁禅师感叹道,"空海大师的弟子们思念师父,所以看到了空海。那些目睹战场血腥的人看到了死去的鬼武士,这个传说一直影响到了现在。"

"在来奥之院的路上,我和阳子看到了很多战国大名的墓所,这或许就是我看到长着阳子脸的武士的原因吧。"沈麒郎皱眉说道,"当然也不一定全都是因为心中的执念,我觉得高能粒子流刺激大脑皮层异常放电,或许也是诱人产生幻觉的原因之一。"

"大脑异常放电,那不就是癫痫吗?"

沈麒郎点点头道:"本质上来说,它制造的幻觉确实和癫痫相似,都是在毫无异常的情况下突然发作,持续时间从数秒到数十秒不等,并产生似曾相识的梦幻感。"

"如此说来,我看到过类似的记载。"源仁禅师一拍手,惊奇地说道。

"类似的记载?"

"对,还记得我说过的摩诃迦叶生身入定的故事吗?和我要说的记载一样,都出自这本经书。"源仁禅师起身走出,不一会儿拿着一本汉文本的《大智度论》回来，翻到那一页递给沈麒郎。

长老大迦叶，……如是种种说法已，从佛所得僧伽梨，持衣钵提杖，如金翅鸟现升虚空，作十八变。于耆阇山头与衣钵俱，作是愿言："今我身不坏。弥勒成佛时，我是骨身还出。"直入山头石中，如入软泥。入已山还合。

后人寿八万四千岁，身长八十尺时，弥勒佛出；佛身长百六十尺，佛面二十四尺，圆光十里……弥勒佛见众人如是，以足指叩开耆阇崛山。是时长老摩诃迦叶骨身，着僧伽梨而出，礼弥勒足；上升虚空，现变如前，即于空中灭身而般涅槃。

"果然，这里也提到摩诃迦叶从石中出现，大概也是心魔吧。"源仁禅师叹息道。

"佛身长百六十尺……圆光十里……骨身还出……"沈麒郎突然紧皱眉头，他想了片刻，突然抬头问道，"今天是几号？"

"八月十三日，上午十一点。"浅野看了看手表，回答道。

"真巧啊……今天是万灯供奉会？"沈麒郎脸上露出古怪的表情。

源仁禅师摇头叹息道："本来是今天，但现在这种情况，看来是不能再开了。"

"不！"沈麒郎一把抓住源仁禅师的肩膀，激动地说道，"一定要开！"

"我知道怎么一劳永逸地解决这块石头的问题了。警官、大师，我需要你们两人的协助！"

"真的没问题吗？"浅野紫子站在奥之院门口，看着山下游客们人头攒动的情景，忧心忡忡地问道。

大半个和歌山县的警察们都奉命赶来支援，他们已经撤掉了奥之院外围的警戒线，除了仍不能踏入奥之院外，游客们可以自由地进入高野山。

沈麒郎若有所思地看着正在向游客们散发香烛并引导他们的僧人们，半天才回答道："放心吧。"

"我是和歌山县警察！"浅野激动地说道，"我不允许你因为一本佛经的记载，就如此轻率地置数万名游客于危险之中！"

"我不知道它最终影响的范围会有多大，但是游客们所处的位置应该是安全的。"沈麒郎侧脸看着一边眉头微皱的浅野，"倒是你，明明可以撤离到安全的地方，为什么也要留下来？"

浅野神情古怪地看了他一眼，半天才说道："我也想亲眼看到它消失。"

浅野突然问道："对了，我还没有告诉过你我看到了什么吧？"

沈麒郎点了点头，又补充道："你不说，我不会问。"

"我曾经差点被人侵犯。"浅野坦然地向沈麒郎说道，"那是在我还是中学生的时候。"

沈麒郎有些惊奇地看着浅野，浅野的神情反而很平静："你让我说完……那是一个下雨的冬日，天黑得很早，放学的路上，那个家伙就一直跟在后面……他把我拉进一间被弃置了很久的屋子里。

"他就压在我身上，动手撕我的衣服，当时我害怕极了，却连叫喊挣扎的勇气都没有，只是不停地哭……我一哭，他就动手打我……好在这间屋子附近还有不少住户，他们听到动静，前来察看的时候吓跑了那个家伙……

"那之后，我的精神受到了严重的刺激，甚至一度患上了异性恐惧症，不得不休学疗养。虽然我再也没有见过那家伙，但是他那副狰狞的表情……我这辈子都忘不掉！"浅野咬着牙，眼含着泪悲愤地说道："经过好几年的疗养，我的精神状况才有所缓解，这也是为什么后来我会成为一名打击犯罪的警察。"

"我明白。"沈麒郎向她报以温柔的微笑，"也感谢你愿意信任我。"

浅野抬头看着逐渐沉入地平线的夕阳，脸上浮现出莫名的遐思："其实源仁大师说得没错，要想去面对心魔，我们应该自己先破除它。"

"他说的是'心灭，种种魔灭'。不过在我的国家，还有一句'破山中贼易，破心中贼难'。"沈麒郎看着山下熙熙攘攘的游客，意味深长地说道，"真能破除心魔的人，全世界又有几个呢？"

夕阳终于沉入地平线，夜幕降临在高野山。

浅野和源仁禅师站在漆黑一片的奥之院里，源仁禅师看着那块立石感叹道："等这件事结束之后，我准备建一座不透光的神龛，把它盛放在里面。"

"那也要先清空里面的什么粒子才行，不然它还是一枚危险的不定时炸弹。"浅野突然皱起眉头问道，"说起来，怎么不见沈君呢？"

"抱歉，让你们久等了。"沈麒郎的声音从两人身后传来。浅野回过头，露出惊奇的表情——她从来没见过这样的沈麒郎。

沈麒郎换了一件剑道的衣袴，怀里是一柄未出鞘的剑。尽管天色已经逐渐昏暗，但是他的眼里闪烁着炽烈的火焰。

"你这是……"浅野惊讶地问道。

沈麒郎说道："斩杀心魔，为这件事做个了结。"

浅野惊讶地看着沈麒郎，发现他很认真："等等，你该不会是真的要……"

"是啊，虽然说'破心中贼难'，但一味逃避和遗忘并不是办法。"沈麒郎很认真地说道，"现在，我就要面对我的心魔。"

"那很危险！"浅野激动地叫出声来。

沈麒郎看着激动的浅野愣了一下，但立刻露出平静的笑容，拍了拍怀里的剑说："所以我向源仁大师借来这把剑，金属毕竟受到高能粒子流的影响小。"

"是啊，这把剑的来头可不小。"源仁禅师露出一丝狡黠的笑容，"传说它是建御雷神的佩剑，曾经被用来斩杀和歌山县熊野村的荒神……"

"等等，难道这把剑就是传说中的'布都御魂'？"浅野又是一惊，她诧异地看着源仁禅师，"这把剑不是应该收藏在鹿岛神宫吗？"

源仁禅师露出意味深长的微笑，缓缓说道："你怎么知道那把就一定是真的呢？"

就在这时，远处突然传来游客们沉闷的欢呼，与此同时，一道如同旭日初升般的耀眼光芒瞬间浮现在天地之间，那道越来越强的光芒撕破了夜幕，最终汇聚为一片光的海洋，将整座高野山都笼罩在其中。

"真好啊！"沈麒郎抬头仰望着黯然失色的夜空，由衷地感叹道。

浅野和源仁禅师一起回头，看向远处的高野山。

十万支蜡烛正在远处的高野山上熊熊燃烧着，从奥之院方向看去，这些蜡烛在数百名僧侣和数万名游客的齐心布置下，被摆放成了一尊巨大的坐佛形象。

一尊光的巨佛！

源仁禅师双手合十，激动得热泪盈眶，朝着这尊散发出如同太阳般强烈光芒的坐佛像虔心祈祷，口念《大智度论》经文："后人寿八万四千岁，身长八十尺时，弥勒佛出；佛身长百六十尺，佛面二十四尺，圆光十里……"

浅野又回过头，发现沈麒郎正全神贯注地盯着立石方向，整个人化身为一柄随时准备出鞘的利刃。

顺着沈麒郎的视线，浅野惊讶地发现这如同阳光般强烈的光芒穿过门洞，正投射在那块立石上。一声清脆的响声传来，只见那块原本平滑的立石表面，竟然缓缓浮现出一道从上至下的贯穿裂痕。

果然如沈麒郎所说，这块立石的体积有限，无论经过多长时间，它所能积蓄的高能粒子终归是有极限的，前两天连续两次的高能粒子喷流几乎将立石内积蓄的能量消耗殆尽。

只不过连沈麒郎自己都想不到，在这持久而强烈的光芒照射下，来不及从阳光照射中重新积蓄高能粒子的立石最后一次的强烈喷流，竟然将它自己撑裂开来。

那东西又来了！

就在浅野意识到的一瞬间，沈麒郎的身影已经化为闪电，他手中的长剑反射着耀眼的光芒，和那从石中出现的鬼武士擦肩而过。

浅野不敢相信自己看到了什么。

那个鬼武士一直冲到浅野面前，才缓缓摘下头盔，化为乌有。而沈麒郎则横持长剑，半跪在距离立石几米外的地上。

浅野抬头看去，只见那立石上的裂痕越来越大，最终"喀"的一声，整个石头一分为二。

浅野惊讶地看到一道温柔的光芒从立石的裂缝中浮现出来，随后一位面带微笑的和尚披着僧衣，从石中缓步走出。

浅野瞪大了眼睛，激动得热泪盈眶。

那就是空海大师吗？

空海的幻影一直走到半跪于地的沈麒郎面前，双手合十欠身行礼，这才平地腾空冲天而起，越来越高，最终融入一片照亮整个高野山的光芒之中。

源仁禅师闻声回过头来，同样双手合十，脸上露出感怀的表情。

浅野慌忙走上前察看沈麒郎的情况，只见沈麒郎半跪在地上，双肩不住地颤抖，浅野发现这个看起来淡漠的男人竟然在流泪。

"阳子……我终于亲手替你复仇了！"

万灯供奉会顺利召开一个多星期后，在奥之院的墓园里，穿着一身黑色西服、胸前插着白花的浅野遇到了沈麒郎。

奥之院为所有在这次事件中殉职的警察和受害者们都立了墓

碑，沈麒郎就站在伊藤阳子的墓碑前低头默哀。

浅野走过去，沈麒郎转头看着她，两人同时伸出手，紧紧握在了一起。

"谢谢你。"浅野想了想，平静地说道："还有，虽然不太合时宜，但我还是要祝贺你破除了自己的心魔。"

沈麒郎意味深长地看着浅野问道，"那你呢？那个时候你看到了什么？"

浅野看了一眼伊藤阳子的墓碑，迟疑了一下，然后她决定撒谎："我看到了建御雷神。"

"那我也要祝贺你破除了自己的心魔。"沈麒郎平静地说道，"但是对不起。"

"我知道，谢谢你。"浅野突然问道，"我们还会见面吗？"

"或许会吧，谁知道呢？"沈麒郎说道。

语言猎手 | 悠总

一

日夜交替的时候，陕西南路深处一间酒吧的微剧场似乎才醒来，刚过饭点，听众已满满当当。

一方七八平的狭小舞台，酱红色丝绸帷幕后，酒吧老板摆弄着射灯，一撮影子猝然抽出双臂，几个姑娘被惊出一身冷汗，此前观众都误以为那是盆栽的投影。

"吓死我，原来是个人啊，他刚才一直待在后台那儿一动不动！"有人心有余悸。

投影变大，"盆栽"转眼便同帷幕一样高，仿佛一株吃人不眨眼的食人花植物。

"大家好，我是杰夫！"一个小个子钻出帷幕，朝听众招手，眼睛却盯着观众席后头他看不见的黑暗。舞台中央只留出一盏追光，留给今晚被嘲笑次数最多的弄潮儿。

"我是三年前做全职脱口秀的，现在终于混上我那套房子的兼职户主。"

台下零散放着十八张咖啡桌子，围坐着百来个听众。杰夫的耳朵很灵,他通过三秒的笑声就能分辨一共有百分之几的观众收到了他这个笑料的点。

"就是租客呗。"

停顿了一秒,他很失望,似乎发笑的听众都不到五分之一,大部分的人只朝他微笑表达礼貌。

"看来这个梗不行,明天不能用了……"杰夫临时"救火",这是脱口秀艺人的必备技能,也是无奈,因为他们不具备传统相声演员的现挂和改挂水准。

没想到这救场引来的笑声更少,杰夫发现,最后一排有几个女生交头接耳摇摇头,发现杰夫盯着她们看,又不好意思地假装喝咖啡。

不少新人开场就炸,杰夫最近开场就演砸了。

三年前听说脱口秀能挣钱,杰夫勇敢地进入这行当。当年脱口秀刚起步,入行门槛不高,一个人一张嘴,讲出身边的故事就行。但要做到行业顶尖,光靠嘴皮子不行,只有拥有喜剧的底层思维才能保住在喜剧江湖的一席之地。

这个舞台上的男女老少,谁不想成为喜剧之王?陆杰夫其实离这个王冠近在咫尺过,但风气变起来,连时代自身都有点赶不上,如今的观众都懂你说的内容,好比你和一个与你朝夕相处的人对话,再想要畅谈就很难。

越熟悉就越生分,这是思维和语言之间的奇怪反应。

已经谈婚论嫁的女友谢麦龄谢幕后来到他身边,也是一脸不甘,她这场也没人买账。杰夫是在脱口秀舞台认识的麦麦。

他俩不是同一类型的演员,麦麦更擅长肢体表演,属于脱口秀行业的行为艺术家；杰夫是冷面滑稽主义者，他自带一股老一辈海派滑稽戏艺术家的气质，不苟言笑，一晚上演出下来运动步数绝不超过一百，纯粹用段子里的故事引人深思。

杰夫有两把刷子，他是天生的喜剧料子，之前干过软件工程师，还当过外卖员，送外卖时脸被铁岭的风吹瘫了，左半边脸基本没有表情，每次笑都是半笑不笑似哭非哭，闹得观众总是莫名大笑。

笑自己不堪的过往，能一笑了之的都很少，而以此日日夜夜供听众欢笑的，才是喜剧人。也是在送外卖那些年，锻炼了他惊人的记忆力，杰夫对很多事的细节都记得住，说话语调不疾不徐，似乎观众都走完了他也不急。

和这个时代的速度相比，杰夫的语言艺术缓慢而优雅，观众们就吃这一套。

但"喜剧之王"现在更着急的，是在中环内拥有一套二居室婚房。他想着只靠本职的收入加奖金，三五年都凑不齐首付的十分之一，寻思在段子里加一点新元素。现在的人都喜欢博出位，反正红了之后，那些愿意和自己签约的平台，无论是广告代言还是直播签约费，分分钟付掉婚房的首付。

这年头房源比笑料紧俏，杰夫常拿自己租的房子开涮，他顺着刚才冷场的话题继续展开，想挽回颓势。

"一平方十万自己个儿住得还一年，我这儿一平方笑料十块，还整的是个群租，你们组团来笑，有时候还不买单。"

"哈哈……"

台下只有一位外国大兄弟机械地痴笑了两声，众人顺着笑声望去，这人正伸手往耳蜗里掏，一脸尴尬。摸到芯片时，嘴里传出系统自带的提示音，看得出他很久没下载语音包了，放出来的还是那种两三年前旧版本的系统笑声。

大兄弟的语音倒是点燃了全场，大家都摸了摸耳朵，故意给这老外展现自己的专属语音包。

一个中年男人率先公放出来，耳蜗芯片连着大脑神经中枢，给自己声带的内置驱动发出信号，驱动转制成对应的声带运动，发出了奇怪的声响。

"你说得真是笑死叔叔了，下次别说了！"

全场爆笑起来，全场几乎一半人都开始攀比各自的语音包，叽叽喳喳地，杰夫赶紧找了个现挂："我说这位外国大哥，你语音包都买不起，是怎么买到我票子的？"

结果杰夫发现根本没人注意自己，外国人则一脸尴尬。意外的误会总比自己的段子好笑，这是令杰夫想哭的地方。

"杰夫老师，今天其实是相声是吧，他是台下的捧哏吗？"台下有人起哄，说完大笑起来，观众也附和着笑。

杰夫急了。

"各位花了这么多钱买我票的，麻烦能笑笑我吗！"他假装生气，实际上内心非常不快，观众陆续转身面对杰夫，杰夫深呼吸后继续演出，控制着每一个笑点的节奏，也刻意给观众一些笑的时间。可是他最终也没有迎来笑声，只有礼貌的笑容，毕竟花了钱，总要笑笑。

直到退场后，不少观众还走在外国朋友后头嘲笑他，却无人到台前和杰夫合照留念。杰夫意识到自己才思枯竭了，不禁有些恼火。

老板等最后的一幕演出散场后，到处找杰夫，见他独自在更衣室里，锁上门，压着火气提醒："你不能嘲笑观众，这是公司制度，观众是衣食父母，并且今晚你的所有笑点都没有拿捏到位，体态和表情也都太平淡了。"

"我正在尝试一种新的风格……"

老板不屑地笑笑，摆摆手让他住嘴："下周黄金时段你的场次肯定要减，给新人乔巴和布头让让位子，他俩最近人气很旺，你去休息几天吧。"

老板强忍着怒火。早前几周他就接到内容部总编的抗议，甚至准备撂挑子不干了，说杰夫自己想法太多，永远不听编剧的建议，自以为是又不合群，搞得笑料的内容和质量越来越差。

"没事，再给他几周时间，他状态不好。"老板起初也以为如此，直到从成都谈好生意赶回上海，幕后听了一晚，知道杰夫不是状态问题。

"不好笑就是喜剧原罪！"老板摔门而出。

"不是的，喜剧的根本是语言，语言没有好笑和不好笑之分，只有领悟和不领悟的区别。"老板走后，杰夫踱步来到公司楼下，在路边冲着消防栓发泄不满。隔壁弄堂杂货铺还没关门，老板卖了他几瓶酒，还送了一瓶冰红茶。杰夫在路边找了个凹陷的马路牙子坐下，独自喝起来。

"现在的观众越来越难伺候……"麦麦好不容易找到他，在他身侧依偎着。

"人的思维层次变得越来越高，层次越高的人越不容易笑，沃尔夫早就有过推论，越高层次的思维越依赖语言，语言对高级思维的塑造非常关键。"杰夫是个喜剧理论派。

都是大道理，大道理在现实面前，跟宣纸一样易破。

"听说芯片里包含各种语言，还有其文化背景的大数据库，几百块就可以包年下载，一旦文化背景没有参差，讲脱口秀就越来越难，政策开放了，戴芯片的人越来越多。"麦麦说。

三瓶啤酒"咚咚"下肚，杰夫眼前泛出些恍惚，热血满腔加上愤怒无处释放。囊中羞涩和艺术理想冲突时，理想就变味了，被现实研磨成糟粕和污泥，从嘴里不情不愿地吐出来，恶心自己。

语言很丰满，呼之欲出；现实很骨感，弱不禁风。

就在刚才，老板也找麦麦谈过人气的事情，下周她也被拿掉了三个夜场黄金时间段，刚入职的新人想尽办法博取观众笑声，看得出老板很欣赏他们，其中不乏一些文本型的选手，依靠出众的段子质量博取欢笑，这是新人里很少见的。

两个被城市霓虹嘲笑的人，只有卖惨才能消融彼此的怨念。

"老板其实也给我两个礼拜时间，如果观众点赞数还不到五成，就得滚蛋。"麦麦说实话。

杰夫伸出一根手指摆了摆："你还是输给我了，老板只给了我一个礼拜。"

麦麦笑着哭了，她不会喝酒，趁人不注意轻轻吻了下杰夫额头，把他摆在街沿的酒提走："你不能顺着别人的思维走，你可是喜剧之王啊！别忘了！"

麦麦在远处大喊，杰夫点点头，没了酒暖身，被秋风冷得一缩脖子，最近这段日子，只有麦麦这句话听得到暖意，这句话原本是老板在年会上喝醉后喊出的话。

刚演出完的一个新同事路过,往杰夫前胸的口袋装了一封信。

"他很牛的,一个语言大师,你找找他,说不定能帮你。"同事点了点信里的硬卡纸,像是名片,杰夫脑子一片混沌,完全没领会同事的意思,反倒朝同事一顿乱骂。

"我要你帮吗?滚一边儿去,你还是我带进圈儿的呢!"

同事无奈,只能放任杰夫在街边胡闹至深夜。最后,杰夫被巡夜的警察送回了家。

深夜的梦里,他站在美琪大戏院里。票子全部售罄,全场高呼他再讲一段,每一次讲完都是此起彼伏的喝彩,"喜剧之王!喜剧之王……"

杰夫张开双臂,仰着脖子聆听。

房东阿姨的手机铃声吵醒了杰夫,他翻身想找拖鞋,胸口被信封的硬壳硌得生疼,打开一看,纸面上烫金字体镌刻着:

虹口区四川北路1746弄7号裙楼二层。

翻到背面,一行英语,杰夫看不太懂,打开手机翻译软件扫了扫。

缺乏多样性的高级思维会让语言跃跃欲试。

——K先生

"什么神神叨叨的,估计又是个推销的家伙。"杰夫恍然还记得好像同事说这人是个语言大师。

又开始震动了，打开手机，房东阿姨发来几十条消息：

"杰夫，这套房子下个月你还租不租，请回个话，等会儿又有人来看房子了，人家很急的，也不差钱。"

"再宽限我几天，马上就发工资了。"

杰夫刚回复完，敲门声作响，杰夫脚都还没从床上落地，房东阿姨就自己开锁进来了，带着两个大学毕业生模样的年轻人遛了一圈。

"家具塞斯一线品牌呀！性价比来得额高！"（沪语：家具都是一线品牌，性价比非常高！）

"阿姨，麻烦你戴上芯片说话吧，我们不是本地人，听不懂你说的上海话。"男孩递过来一支副麦，杰夫一眼就知道，这款芯片是高档货，原产地英国，市面上绝对小两万价格。

"哎哟，阿姨不搞这些新潮东西的，我们爽气一点，要不要这套房子？不要，别人都排队等着呢！"阿姨的普通话听着非常生硬别扭。

男孩的女友看了眼杰夫，闻到一声酒气，躲到男友身后。

"这？"她问房东。

妹子暗搓搓地扯了扯男朋友的袖口，被房东阿姨敏锐捕捉到，赶紧跟一句："这是我亲戚，说搬走就可以搬走的，他只是暂住的。"

"你！"杰夫起身，又一阵恍惚，还没醒酒，瘫倒在床。

"杰夫，你下周就搬出去吧，你也找到新房子了。"房东阿姨鬼扯道，男孩还在犹豫，房东摊底牌了，"押三付一，押三付一好伐啦，阿姨很好说话的！"

男孩决定咬咬牙租下来，房东阿姨立马催促两人离开，临走时得意洋洋，不忘给杰夫使几下眼神。

杰夫最恨这种嘴脸，转眼房东阿姨发来最后通牒消息：

人家答应给我6800一个月哦，你要是续租，我只收你6500，你再考虑下，就三天时间。

补交电费的消息也来凑热闹，杰夫赶紧从被单褶皱里摸到空调遥控器，关了制热。

第二天夜里，依旧是八点，疲惫了一天的人们在酒足饭饱之后来寻觅欢笑。杰夫还是第一个出场，他临场前编了几个梗，把房东阿姨的嘴脸都加进段子，但观众很多都是新上海人，不太喜欢上海阿姨那种嘴脸，笑之余不免鄙夷。没料到各位新人还发挥超常，观众喊了好几次返场。

演出结束之后，老板召集大家开会，等所有人都到齐了，杰夫才懒洋洋地进来，老板忍不了便直接开喷："你这个月平均点赞率，排在兼职的第8，我们公司目前总共就9个兼职脱口秀演员。"

杰夫并不买账，仗着自己是元老，也对喷起来："拿点赞率评判喜剧效果，我们的喜剧跑偏了。"

"那我拿什么评判，这块地方一个月4万租金，全职脱口秀演员，底薪就是8000，你倒告诉我应该如何评判你糟糕的脱口秀？"

老板模仿起杰夫刚才的段子，倒是演得惟妙惟肖，他也是舞台剧演员出身，的确有两下子，台下的新人们想笑又不敢太放肆，捂着嘴交头接耳。

"陆阿姨！"老板招手。

陆阿姨是这里的保洁员，平日里笑点很低，也特别喜欢杰夫。老板问她："阿姨，你觉得好笑吗？"

陆阿姨很认真地思考了片刻，说："杰夫好像没有以前的劲儿了，刚才说房东阿姨的时候，他说完的那个停顿，其实没必要的，这样效果更好啊。"

老板摇头："看看，陆阿姨这个外行人都明白的事儿，你都不懂。"

"那个点不能释放，要收拢！"杰夫还在掰扯自己的那套理论。

"得了吧，陆阿姨都不笑，你指望那些人笑，等到世界语发布，我看啊，观众听完你的脱口秀，要哭咯，你独创了一种艺术形式，叫哭剧。"

身后一个新人扑哧笑开，赶紧捂脸，还是憋不住气，呵呵呵地乐个不停，老板关掉大屏幕："下周我只给你两场，黄金时段留给更强的人，公司是要挣钱的。"

老板差点忘记了例会，紧接着给演员们"洗脑"，分析了一波未来的行业动态，说耳蜗里搭载语言芯片的观众未来都是第一批世界语用户，他判断在短期内，世界语系统唯一无法深度学习的就是不搭载芯片的人的生活，所以他要求旗下的演员都不准戴芯片，这样就天然形成了演员和观众之间的理解差异，笑料就会展现出来。

"参差，差异，阶层的差异，行业的差异，地位的差异，财富的差异，这些才是我们喜剧脱口秀的无穷源泉，而不是什么理解或思维。"老板瞥了眼杰夫，随后散了会。

要抢占他宝座的新人看了眼杰夫，眼里有点虎视眈眈的味道，杰夫瞪了他，起身便离开会议室，老板的骂骂咧咧在身后越来越轻。

对于没落的演员来说，最后的演出来得特别快。

那天晚上，杰夫上台那一刻，意识到自己状态还不如前一周，虽然他依照老板的要求，也放下身段咬咬牙自黑起来，笑声不断却没有炸场，这年头没有炸场的戏剧表演就等于失败。

老板在休息室黑板前站着，他盯着杰夫进来。杰夫想从箱子里抽一瓶能量饮料，老板实在忍无可忍，拍桌而起。

"喜剧真的不是以笑声高低来判断的。"杰夫还是一副不屑一顾的姿态。

老板狂笑起来，越笑越大声："你这句好笑，听见了吗？这叫好笑。"

杰夫也站起来，走到老板面前，却矮了一个头，众人见势不对，赶紧站起来劝架。

"你答应过今晚拿出真本事的，没想到是真的没啥本事。"

"观众一直在笑啊……"杰夫辩驳。

"我要我刚才那种发自肺腑地大笑，把椅子脚笑断那种，现在什么时代了，谁不能逗乐个人，我们是脱口秀演员，我要的是狂笑！"老板说完一转脸，回身就踢倒一排桌椅。

投票平台今晚的评分结果出来了，杰夫的点赞数也就比几个菜鸟练习生好些,老板让其他人赶紧回家。众人一走,两人倒相顾无言,老板抽完烟,狠了狠心便撂挑子:"你不行了,别怪观众,最后一场,你珍惜点。"

老板说罢,杰夫用拳头砸了下更衣箱,上头赫然贴着卡通版本的杰夫自拍照,是个疯狂粉丝给他画的,还记得那是他第一场脱口秀。老板或许忘记了那时候的杰夫,连漆黑的夜都要让他三分地,让上海人的业余时间笑出花。那个没有芯片交流的年代,人很容易笑,不需要过多的修饰,生活处处充满乐子,那时候的段子取之不尽。

老板踹门而出,都下楼发动车了,还不忘钻出来,朝楼上嚷:"记住,下周六晚上最后一场,我不是没给过你机会!"

这天夜里杰夫没回家,在剧场反复打磨新段子,麦麦也在一旁帮他。他的文本倒是不错,逗得麦麦笑了半天,但杰夫的展现显得力不从心,每次要炸场的点都泄了气,麦麦觉得总是差点意思。

他落后别人一大截了,又不愿意放下身段模仿那些新人歇斯底里的低俗风格。落寞中,杰夫瞥见桌上那张名片,竟有些心动,回过神后,他愤愤然把名片扔进垃圾桶里。

二

夜里,本是喜剧工作者沉淀的最好时光,但杰夫越准备越没信心,干脆穿着睡衣到楼下转悠起来,就当周边采风。

不知不觉踱步到四川北路,这条百年老街离他的出租屋很近,早已褪去往日的繁华,显得不争不吵却处处暗藏玄机,一座城市的近代标本都藏在这几公里的百年沉浮历史下。

杰夫是细心的人，但心境早已不同以往，他妄图凭借这些能给他带来些表演上的突破，他觉着上海中年阿姨说话间的气质才能迎合本地观众口味。

"侬组撒啦……（沪语：你干什么？）"杰夫发现自己根本模仿不来，那种平仄间的海派市井气，不是一时半会儿能拿捏住精髓的，杰夫最近几年才渐渐摸索到，那些稍显刻薄的沪语语气之下，是乐善好施的底层思维基础，只是被繁华涂抹上了一些世俗和傲气做粉底罢了。

杰夫心情舒缓了很多，这一则则日常生活小品远比胡诌夸张的脱口秀来得生动感人，这才是人间喜剧的最高境界，而杰夫也一直在探寻寻常和舞台之间的联系，妄图把人间烟火原汁原味搬到舞台上，让观众发自肺腑地笑。

兜兜转转间，突然想起那封K先生名片上的地址，门牌号好像就是这附近。杰夫踱步而去，发现是一所深藏在闹市中的公益学校。学生们陆续跑进校门，杰夫跟着走。当他正想怎么进去时，头顶一个正在浇水的中年瘦高男人喊："找我是吗？"

"您是？"

"你看着像是来找我的。"

杰夫到二楼看见校长办公室，K招呼他进来。屋子三面墙都是书架，摆满了各种语言的字典和小说，但有一面墙是五颜六色的笔记本，杰夫估摸着大约一两千本是有的，每一本都有标签，整整齐齐标着一串数字，但不清楚什么意思。

每一本笔记本都上了锁，有些锁崭新，一看就是经常翻看的，而最后几本笔记的锁已经生锈。

寒暄间隙,杰夫打量K。他身材修长,只是脑门处有一块小突起很引人注目,杰夫并没有在意。

"听朋友说你是脱口秀奇才。"

"没有没有……"杰夫冷笑,"早过气了。"

"语言是不会过时的,只有思想会。"K安慰。

"那我给您讲一段,您听听看?"杰夫问。

"请。"

杰夫把昨晚的段子又讲了一遍,听众变了,效果也变了,K觉得杰夫对人性深处那些难以启齿的部分把握极其精准,诠释得不疾不徐的方式也很合自己胃口,颇有喜剧中少有的学院风范,只有在老一辈的喜剧大师身上才会见到那种腔调。

"很棒,很棒。"K鼓掌,杰夫却黯然。K说:"我知道你的难处。"

"先生懂脱口秀?"

"喜剧的事我不懂,语言我略知一分,语言是包裹着思维的一层介质,随着思维进入高阶,它越来越像个生物,孩提时代的语言包裹不住内心想法,想说啥说啥;长大了,语言也长大了,包裹得越来越紧,想说啥要换一种说法说……"顿了顿问,"你觉得语言最像什么生物?"

"细菌?"杰夫第一反应就是这个。

"准确说是寄生菌。"K回到座位,说话间有些兴奋,手指不住地点着木质桌面。

"从事语言艺术的,应该希望这是个益生菌吧。"杰夫边说边记下。

"多样化的思维环境下,语言才是益生菌,反之就可能是有害菌群,你也见过那些网络键盘侠,逮到谁就往死里喷,实际上是因为没有自己的思维,任人摆布导致的。你这个行当,会不自觉被观众的思维限制,变得狭隘、异化、功利、忘我。"

K的论点杰夫很认同:"所以想听先生多些指点。"

"谈不上指点,只是建议。"

杰夫猛点头:"嗯!"

"就和你走进观众内心一样,你现在和他们隔着一道门,是你自己关上了快乐。"

杰夫想了想,的确是很久没笑了,上一次发自肺腑地笑是麦麦说她生日就简单过的时候,而他却窃喜着又省下一笔钱。

K听到杰夫袒露心声,觉得这个年轻人只是误入了一个死胡同,只要及时转身走上大路,在语言上的造诣大有可期。K说着搬来梯子,站在最高层书架,费力地抽出第一本笔记本。

"你可以看看,可能有帮助,但切勿转手他人。"

笔记本上是四十多年前的日期落款,墨迹都已焦黄。杰夫扫了一眼,是关于语言本质的论证,但大多是数据和公式。杰夫不明白,合上日记还给K,他目前得赶快改变自己的表演方式,挣钱和挣人气才是燃眉之急。

"也不都是你的问题,现在的人几乎已经被借来的思维给填满了,因此表达的大多是一些非亲身经历的转述,这样的转述形成了统一的价值观,继而塑造了一个越来越趋同的思维体系,这个体系就是死循环,存在大问题,这个体系是语言这个寄生菌的……"K

欲言又止。

"我同意，高级的思维都是需要依赖语言的，那我怎么在这个趋同的思维体系里找自己的语言方式呢？"

"要么妥协趋同，要么退出这个体系。"

"退出？"

"如果你不敢，那只能顺应。"

"思维之间的差异才是笑的来源，去刻意趋同那就没什么可笑的了，也就失去喜剧本身的意义了。"杰夫坚定地说。

"这样吧，拿些笔记回去看，就当小说，或许对你有帮助，记得还给我。"K专门又选了四五本给他。

杰夫接过笔记本准备离开，K送他出门并告诫他："生态的多样性导致某个物种不独大，语言和生态一样，一潭死水的体系，会让语言……"

"怎么？"杰夫追问。

"我们下次再聊，下午有课，我就留步了。"

K送杰夫到楼梯口，看着他满载而归。

"写的都是什么……"他随手翻了两页，发现也是满满的数字和函数关系式，但字里行间的确是有人工智能的基本概念，只是暂时看不出端倪，便合上笔记本，继续思考着下一场关键演出要用的段子。可是杰夫的脑子乱成一团，根本没办法定神思考。

午夜，窗外的上海，夜下灯火通明，怪异的喧嚣声，曾嘲笑过每一个无能为力的所谓昔日天才。

他睡不着起来翻日记本。

不要老是刻意把笑点切开一半去作为铺垫展开，高质量的笑点用最直白的方式展开，低质量的笑点才作为铺垫。

"的确很有见地……"杰夫不知不觉翻看了一夜，直到天亮像换了个人似的，匆匆洗漱完就去舞台准备了。

在幕后化妆间小憩了一会儿，怀里放着那本昨晚没读完的日记，里头写的一句话杰夫觉得很有意思。

语言的传染性极强，寄主受到感染的语言，会寄生在思想不够独立的思维里。

杰夫很好奇，那些戴着芯片的观众，和世界通用语言建立的联系，仿佛曹操赤壁之战用铁链固定在一起的战船，一旦进入了狭隘的水域，燃一把火，就是瓮中捉鳖。

"待会儿我试试看。"

杰夫很兴奋，但身体实在撑不住就睡下了，这么短的时间，他仍旧做了梦，潜意识里还在复述日记的内容，等他醒来时竟接着梦的最后一句高喊了出来，将后台化妆师惊得哭了起来。

"他入戏了！"

老板看在眼里，杰夫似乎找到了刚入行时候的状态。

上台前的杰夫喃喃自语，老板也不知道他在想什么，只是默默地把兜里的违约金收起来免得被杰夫发现。

杰夫上台，一分钟没说话，坐在位子上看着观众，有些是老观众,交头接耳议论着。

老板担心,这周六的观众是最挑剔的,好几个都是有钱的老顾客订了年票的,要是杰夫再整黄了,老板还要去道歉。

"刚才这一分钟,就是我的脱口秀……"

观众哗然。

"……从来没有达到过的效果。"杰夫眼前没有观众,而是K的日记内容,有一段提及了喜剧艺术:

思维借助语言没错,但语言也反过来塑造了一个群体的思维模式,我们无须从谎言里筛选出底层思维,语言就是一本思维词典,我想"喜剧"就是这本词典里的常用词。

杰夫心中默念着,伸手想往尽头试探一下。

"你们都有老板,老板和你打招呼的时候心里在想什么呢?"

杰夫问,观众沉默,愣是没人应和,老板在幕后都捂住了脸,他紧紧盯着平台上的点赞数,心提到嗓子眼,点赞数还是没有上升。

而后杰夫竟然用动作模仿老板摁计算器计算这个员工的剩余价值收场,老板计算之后发现自己才是公司最大的成本模块,但他并不能开除自己,只能开除他计算中第二耗费公司成本的人,哪怕他创造了第二多的收益。

观众惊呆了,杰夫不着一字一句,整段表演没有台词,这是许久未见的古老表演形式,是百年前一代喜剧之王卓别林最擅长的形式。杰夫仍旧是那个毫无表情的冷面演员,站在台上纹丝不动,仿佛身体很不协调，歪着肩膀杵在麦克风后头。

K日记里还提到过一句话，杰夫非常赞同。

肢体语言是最古老的语言，也是最接近底层思维的语言形式，而后的高级系统语言都裹上了一层遮羞布。

"我们公司的前台小刘，工资不高但绝不会被开除，她知道谁去厕所'摸鱼'，分别去了多久，谁占用公司网速最多。"

杰夫将老板内心想法通过极其夸张的肢体语言表达了出来。

他记得K日记中的一句话：

讽刺的揶揄，是思维里最不可描述的黑，对于黑，给它一道光，照亮它，让它无处遁形，这就是喜剧艺术。

老板也很满意，杰夫还是原来那个喜剧天才。台下的人前仰后合，最后一个演员表演完，观众还在呼喊杰夫返场。

杰夫遵照着K的说法，没有夸张的演绎成分，整段演出浑然天成。这段表演是杰夫表演以来最爽快的一次，老板前来击掌相庆。

"我就知道你这段时间只是打了个盹！"

杰夫只是一笑，说想回家休息，还没和观众合影，就打车火速到家，趴在被窝里再次翻开日记里描述性文字之上的公式，那些公式应该比文字更关键、更精准。

语言学是极其精准的科学，杰夫深谙其道，他意识到这些公式才是日记的精髓，可是他目前还摸不透。

古往今来对于某个观点的接受程度因人而异，而对于陌生观点，完全可以通过掌控节奏和音高来调试观众的接受区间。停顿和节奏，掌握着观众语言通往思维这条羊肠小道里的"车流量"。

表达得越多，听众的思维车流量负载就越大，形成堵车的时候就是表述失败的时候，因为听众绝对不会自己来梳理交通，只有靠表达者，这也是语言艺术里最难的一点——如何精确掌握听众的思维道路交通情况？

杰夫用了好几个晚上，才摸索出关于以上两点的公式内涵，但是还没敢运用，毕竟节奏和音高是很难精确掌控的，但杰夫想试试，毕竟有人通过训练可以将两根头发轻松打结，人类身体机能的极限绝对可以精准控制音高和节奏。

"我要彻底打通和观众思维之间的那条路。"杰夫下定决心。

消失的人气失而复得，只用了一夜，杰夫的演出排期一下子就增加了十四倍，几乎每天晚上他都有两场脱口秀单独场次。虽然每天要十一点多才能回家，但是他极其享受。

老板已经给他制定好了近半年的宣传和通告。

自媒体和平台铺天盖地宣传着他全新的人称交互脱口秀新方式，老板给他精心准备了软文，花大价钱把他的专访摆在了《新民文摘》头版。

戏剧之王杰夫归来，他带来了全新的内心独角戏默剧形式，不是传统的一人分饰两角，更不是传统哑剧，而是充分演绎内心戏份的对立和矛盾，观众对于笑料的感官体验更加淋漓畅快。

杰夫拿到报纸读了一遍，鄙夷地扔一边："你懂什么喜剧，你只知道挣钱！"

演出场场爆满，黄牛比观众还多，老板乐坏了，重新签了合同，违约金达到七位数。

"我爸妈看过你的表演了。"谢麦龄说。

杰夫很不屑地笑笑："他们不是一直嫌弃我吗？"

那笑的节奏和音高，让麦麦脊背发凉，仿佛一股冷水渗透进内脏从嘴中倒灌出来，杰夫在拿麦麦做实验。

"不，我爸妈听我的意见。"

"那就是嫌弃咯。"杰夫观赏K的日记本，尝试用一下日记本里提到的精准掌控"恐吓"的公式，这种摄人心魄的恐吓方式不疾不徐，不以气势取胜，音高只需要37分贝，但是节奏必须绵软中带着一股劲。杰夫昨夜练习了一晚，在自己直播间里找了个观众连麦试了试，但觉得声音和语气有失真，效果很差。正苦于无人给他当作试验品，麦麦来了，何况他们彼此熟知，更容易下手。

就如同一根绳子两头的蚂蚱，谁还不知道谁动了一下。

"我低谷的时候，你没有带我见父母，我进入人生巅峰了，你倒把我推销给他们看了，人都是有目的的，谁不希望攀着一棵摇钱树呢，你也是这么想的，对吧？"

说这段话，杰夫足足用了四十二秒，远远慢于正常语速，这种说话速度按照K日记里的试验数据进行过精准的推算，这样听众从耳朵转至成语言再输送到思维中枢的道路最为通畅。很多时候正是因为口语太快，导致听者会忽略一些词，而把重点放在某些词上，杰夫这些日子一直在研究语速和咬字。

所谓的戳中内心痛处即是这个道理,谢麦龄完全被说中,一个字都不差。

她的眼泪夺眶而出,她背过脸低头抽泣了很久:"其实并不是……"麦麦原本只是觉得,杰夫每天和她说的话越来越走形式,几乎只是例行问候,其他时间也不知道他在干吗,说是写段子文本,但在公司压根找不到人。

"你别解释了,你刚才的五个字中,'不是'这两个字的音高非常低,并且语速特别快,这是谎言的特点,你的语言告诉我,你在说谎。"

麦麦夺门而出,哭了一路。

是否山峰、波浪和天空本身没有意义,只是当我们把它们当作思想的象征时,才有意识地将意味赋予了它们?世界是象征性的,语言由隐喻构成,因为自然就是人类心灵的隐喻。

——艾默生

K的日记本,杰夫几乎都记在心中,他明白一个道理:喜剧演员想要长久红下去,其语言艺术的超前性是命根子,但是有了K的日记,杰夫就能用语言建立一套仿佛人工智能体系的BUG,将自己摆进这个漏洞,通过语言这条路,传染观众的思维,感染,再趋同。

"我让你在这个点笑或哭,你们就得随着我的语言去进入那种情绪,绝对不会令我失望的。"

杰夫一直在寻找一个机会来验证一下K的那套理论是否能实践。

"喜剧之王会让每个人都忍不住笑。"杰夫开始不眠不休地研究尝试。

三

三周时间,杰夫日夜都在研究K的日记本,不仅仅是熟记每一段日记的内容,也会观察记录观众的反应,尽可能找到数据去修正自己的语音、语调、节奏,虽然数据有限,但仅有的案例计算出的数字平均数也慢慢趋同于K的数据结果。

杰夫默默复述着日记最后一页探讨的内容,眼里满满都是自己成为喜剧第一人之后的志得意满,约他演出的人排到了公司外。

他明显觉得日记的后续还有一大块内容,这本日记只是技巧的描述。语言除了技巧之外,还有感情的增持,还有思维的强大支撑,K的日记一定也对这两个方面有论述。

贪念一起,本性才难移,他渐渐入戏,用语言包裹住原本的自己。

"这剧本不行,没内涵,拒了!"杰夫这些天越发入戏了,他以为自己早已经功成名就,正在讨论邀请演出的剧本,气得推开一桌子的日记本,佯装很生气的样子。麦麦敲了很久门,一直没回应,便掏出备用钥匙进了屋。

杰夫大摇大摆来到厨房,抽出水果刀,在自己手心画了个叉,却浑然不知痛。

"没内涵的本子,我不接,这是对喜剧艺术的伤害!"

他抿干血,伤口又淌出血,他再用力嗦,弄得嘴角全是血污,一抬头对着镜子，竟是小丑的笑容。麦麦被吓得不轻，飞奔出门，杰夫对此全然不知。

这次麦麦没敢和父母说，她私底下联系了一个心理医生，打算带杰夫去看一次。

次日杰夫一早起床登门拜访K，穿得很体面。归还日记本之余，又咬咬牙买了四瓶五粮液摆在K的桌子上。

"什么意思？"

"一点心意，老师，我想再看几本。"

K严肃起来，将笔记本按原位置放回书架。

"那怎么证明你会是个语言的正确使用者？"K又问。

杰夫纯粹想挣回喜剧之王的地位，干脆直言不讳："我爱喜剧表演，您说的语言会是益生菌，何不分享呢？之前您也教过那么多的学生，我比他们更需要这个工作，让现在的人毫无顾忌地笑，和您办公益语言学校一样，这难道不是慈善吗！"杰夫摊开手，手心是刚结疤的叉。

K听完，犹豫很久，一杯茶都下肚了还在犹豫。

"求求您了，我本来不该是现在这个样子的。"

"你要切记，正确的语言使用者不可以变质，语言是益生菌，建立起来的才是一个良性生态体系。"

杰夫猛点头答应，K将书架排列的秩序本给杰夫看，杰夫选了自己需要精进的方向。

"只能选紧挨着我借你的那本旁边那本，其他的你不能借。"

"好吧……先生，语言的寄主和宿主真的可以互通吗？"

K笑着摊手，表示无可奉告，杰夫不再追问。临走，K把酒还给杰夫，杰夫绝不肯拿回去，K使劲将他和礼物推出办公室反锁上门。

门里头，他又重复着叮嘱。

"永远做那个原来的自己，听到没！"

从阳台上看着杰夫兴奋地走远消失在路口，K给杰夫老板拨了通电话。

"能帮的我都帮了，能不能再火就靠他自己了。"

"谢谢，杰夫要是再火起来，我这里聘请您来当顾问，我们批量产出喜剧之王，您来亲自打造各种类型的演员，怎么样？"

话音未落，K挂断电话，数分钟后，一笔名为"喜剧之王工厂技术总监聘金"的费用转到K的账户上。

四十万。

杰夫把日记本藏在出租屋的厕所水槽里，夜深人静躲在厕所读到凌晨，这时候麦麦来了："杰夫，今晚一起看麦克唐纳德的发布会吗？"麦麦问杰夫。

"谁？"

"这是我关注很久的一个科学家，这人贼逗，说话和冷面滑稽一样从来不笑，和你很像。"

"哟，有点意思，几点？"

"马上要开始了，我已经预约了直播间位子，我们可以一起听，据说关于我们人类语言的起源有了重大发现。"

杰夫打开直播间，里头早已有百万人在线等待，弹幕一个劲儿地喊着什么"科学界喜剧之王"的字眼，杰夫觉得这人的确有看头。

发布会上，麦克唐纳德一身便装，准备就绪。轮到他登台，闪光灯四起，他摆摆手让大家省点电，助手卡特在一边配合他展示研究成果。

"一个学说，尤其是进化论这样的巨作，它的意义是划时代的，而无论多伟大的学说，都会随着时代的更迭不断更迭内容。这些学说在不断地更迭之后，都在逐渐接近一个生命最根本的问题：上帝到底扔不扔骰子？这看似很重要，但我认为这根本不重要，当造物主具备通人性的底层逻辑时，我们就能和上帝一起玩德州扑克了。"

杰夫听着麦克唐纳德自信地叙述，直呼这人确实厉害，麦麦说这人将来要拿诺贝尔奖，杰夫问自己什么时候能拿一个全国脱口秀金话筒奖，麦麦说快了。

"是啊，或许就在眼前了。"杰夫把麦麦送回家，独自走回出租屋，一路上都在看日记，越看越入迷，那些看似无聊的公式背后，隐含着最纯粹的语言技巧，能够轻易拨动听众的笑容。他想让他们沉思地笑，开怀大笑，意犹未尽地笑，仿佛任何形式都能拿捏自如。

发布会之后，麦克唐纳德在休息室和团队成员一一击掌相庆，霍普金斯走进来，众人知趣地各自散了回家，留下两人。

"你下一步准备干什么？"霍普金斯问。

"分析这种鳗鱼同类相食的原因。"

霍普金斯表情异常严肃，眉头紧锁。麦克唐纳德侧面看着师父的眼神，心生畏惧。

霍普金斯许久才提醒道:"舆论和学界的反对声音非常大,研究成果延缓公布,我一件一件事摆平,你控制好自己情绪,注意克制自己的语言。"

麦克唐纳德收起笑脸:"我会注意。"

四

已经和麦麦一周未曾见面,杰夫几乎利用每一段碎片时间去朗诵K的笔记。刚开始只是在厕所,进而在小区凉亭,后来越来越肆无忌惮。这些天更是在地铁上、星巴克桌子前,甚至是未曾谋面的粉丝面前,他都能痴迷地吮吸笔记中的知识。

旁人不知道他手舞足蹈些什么,不过在老板看来,这都是戏剧演员到艺术家的必经过程,杰夫越疯癫,他的钱包越饱满。

"喜剧之王,再说得出格一点哦!"老板见到杰夫,就和他一起手舞足蹈煽动他的情绪。

"放心,比你要的更出格!"杰夫继续挥舞手臂。

在一个没有演出的日子,麦麦满世界找杰夫。

公司楼下的沙县小吃依旧是杰夫最爱待的地方,老板随便杰夫坐多久,渐渐一些粉丝知道了杰夫的习惯,总爱到这家沙县小吃来等他,哪怕看他写段子也好。久而久之,杰夫也发现了在这里创作的好处,能更接近大多数人的内心世界,他要打开所有人的思维,将语言的触手装进去,像在大腿内侧挠痒一般,让人上瘾,并且把自己的语言传染出去。

麦麦好不容易找到他,粉丝正围着他要签名,她不管了,冲进去驱散了人群。

"还能和你结婚吗?"

"结啊。"杰夫脱口而出。

"我和爸妈昨晚等你一晚上你都没出现。"

"怎么了?"

"不是说好昨晚见我父母的吗?"

"讨厌的人见了会更讨厌,不如不见。"

"你怎么这么说话!"

杰夫的话,一刀一刀地,撕裂着麦麦的心,上一句话造成的伤口还未结痂,新的一道又从旧伤口刺入心脏。心脏里的血液回涌出伤口,供给不到脑子,她说不出话,卡在心里。

麦麦在一边抽泣了很久,杰夫完全没有顾及她,依旧在想段子,嘴里念念有词。麦麦哭完,又问:"朋友说你和我好只是为了上海户口,是吗?"

麦麦再次凝噎。

杰夫思考段子被打断思路,怒不可遏,拍着桌子回身贴近麦麦,两个人的鼻尖几乎触碰到:"你说是就是,你说不是就不是,你越来越依赖我,也只是因为我越来越红,我们都有自己的目的。"

这句话,杰夫用了K日记里关于如何引起极度恐惧的段落,那些公式杰夫已经驾轻就熟,面对像麦麦这种类型的女孩子,需要用到的语音、语调、节奏一定要慢于每分钟40字,这是K经过大量样本统计算出的平均速率。

其次,这本新的日记里还记载了K对于引导语言进行一种类似

"触手缠绕"的方式渗透进听众的底层思维，令杰夫惊讶的是，K的结论里，看似五花八门的个体思维，其实剥开外壳和修饰，底层思维的单一性令人咋舌，几乎已经失去任何活力。独特而自由的底层思维，那些和本性息息相关的思维，早已面临枯竭，缺乏滋润和洗涤，或许是舶来品，或许自身已经极其脆弱，稍稍一些强有力思维的影响，就能溶解掉这些个体的思维。

杰夫面前的麦麦就是个试验品，并不是女友。

麦麦极度委屈，她的确是这么考虑过的，但绝不是爱上杰夫的全部理由，可她也一时间想不出任何其他足以支撑她行为的底层逻辑。

而对于杰夫，这已经是全部的理由。

"就这样吧。"杰夫转过身去，麦麦恐惧得已经退到墙角无话可说，她感到杰夫正在建立自己的语言体系，他之前都是先编的段子再考虑说话方式，但是这次他准备用自己的老本行架构起煽动性极强的体系。

"人们短时间无法篡改已经根深蒂固的语法，也改变不了代代相传的词汇。"杰夫摸索到了语言奥义，语言这只猛虎出笼的关键其实和社会人已经密不可分，只要使用语言，就一定会在这个遗传体系内不停地被影响。他异常轻松地进入了麦麦的思维，双手在笔记本上奋笔疾书，心里几乎掏出麦麦接下去的所有话，能说的和说不出的，他都知道，他咧开嘴嘀咕个不停，说一句还咯咯咯地笑。

"陆杰夫，我不是你想的那样！"

"不用说了，我知道你怎么想的。"杰夫自言自语，麦麦看他双眼瞪得滚圆，布满血丝，嘴角咧开，舌头像响尾蛇似的伸直，舌尖上下抖动,她不敢再搭话,背贴着墙一路挪到店门口。

麦麦本想把老板的阴谋告诉他,她通过老板的一个心腹得知公司打算搞喜剧之王流水线生产,杰夫就是第一个被生产出来的。

见到杰夫突然变成这副样子,麦麦心一狠也不再多言,准备彻底分手,不过还得编故事拖延时间,以免爸妈发现他俩掰了,毕竟有个明星男友的事情爸妈已经传遍家里老小。

"谢麦龄,你羡慕我的语言,也想成为我,想蹭我的热度和人气,不好意思,麻烦你滚远点。"

杰夫继续恶语相加,麦麦夺门而出,回到出租屋想把猫带走,又觉得不忍心,给杰夫最后打扫了乱七八糟的厕所,眼泪朦胧间摸到藏在抽水马桶水箱里的草稿本。

麦麦的眼前,每一句自己和杰夫说过的甜言蜜语,每一笔花销,每一笔开支,被杰夫一笔一笔划掉,越往后翻,心中越凉,笔力几乎穿透纸背。

麦麦再也没勇气翻开后头的,那一页页挂满黑色墨迹的自言自语,她闯出楼道,一头埋进上海阴冷的秋雨里。

此时的杰夫,也在雨里漫步,时不时踮起脚模仿着雨中曲男主角的舞姿,吓到了一大群躲雨的下班夜归人。

"K先生,麻烦把日记本都给我。"杰夫对着一个长得很像K的男子伸手,男人被他吓得冲出屋檐赶紧逃走。

杰夫小丑般的邪恶笑容下,心底生出歹念,在轻而易举入侵麦麦思维后,他一直在盘算一场更大的演出。

"我是最好的语言使用者,你那些玩意儿存在书柜里积灰多可惜。"杰夫看着男人远去的背影消失在街的尽头,一溜烟跑回宿舍。等待夜幕低垂之时，杰夫一身黑衣面戴口罩，双手裹着胶布手套，趁四下无人潜入了K的学校，在监控看不见的位置踩着落水管来到二楼阳台。

他的记性果然很好，第一次在这里相见时他留意到一个细节，K先生的阳台两扇门之间缝隙非常大，并且采用的是那种老式门闩。K的屋子里，一把锋利的水果刀穿出门缝，悄悄地往上一点点推，顶开了门闩。

杰夫进来了，双手颤抖地摸着书柜上的日记本，从各种角度拍好书柜的照片。

打开手机扫描软件，一页一页地仔仔细细扫描下来，连连惊呼，但是时间紧迫，马上就要天亮，保洁员一定会来打扫房间。

四个小时，杰夫强忍住好奇心，把所有日记都扫了一遍，但是唯独是最后十本日记，被K先生锁死在铁皮立柱间，手指头都伸不进去，想撬也根本撬不开。

杰夫怒不可遏，却也无济于事。

天亮了，他对照着一开始拍摄的照片，一本一本归回原位，检查了十几遍，通过各种角度都能和原样对上。

杰夫下楼后在四周转悠了一圈，确认无人发现他来过，便扬长而去。

老板这时候打来电话，让他把晚上的时间腾出来，说有大活动，各大媒体都要来。

"我晚一点到。"

"别太晚哦我和你说，几个老板想见见你，六点半之前到公司！"

"晓得了。"杰夫一看时间，离演出还有三个小时，他赶回宿舍，把门反锁，将窗帘拉得严丝合缝，不让光进来影响他看日记本。

"果然！"

杰夫找到自己想要的内容，用语言攻击他人的方式除了语音语调，还有撕裂听众的底层思维，他已然把持不住自己的嘴，嘀嘀咕咕无法控制地往外朗诵着日记的内容。他用毛巾捂住嘴，但眼睛开始充血，浑身冒汗，他只能脱光衣服，赤身裸体地飞速翻着日记。

"我离你很近了，这头猛兽，就是今晚，等我！都等着我！"

杰夫换上燕尾服，这是他最早的演出行头，许久不穿已经不合身，但他觉得这就是喜剧之王的穿着。

几大媒体找了杰夫老板很久，一直没有定下来专场演出的事。老板觉得不能再拖下去了，不然和媒体搞僵关系今后不好收场，于是联系好美琪大戏院，在那天晚上给杰夫临时安排了第一场专场演出。杰夫亢奋的状态惊到了工作人员，他不停地挥舞双手，身体似乎被灵魂牵着舞蹈起来，嘴里嘟嘟囔囔一些常人无法理解的话。

化妆师被吓得躲在角落，掏出手机偷拍杰夫的诡异状态，老板自信满满，觉得这才是顶级演员应该有的自我状态，杰夫入戏，观众才能感同身受。

老板和杰夫击掌，鼓励他一定要打好大剧场单人秀的第一仗，杰夫踮着脚，一瘸一拐地上了场，观众以为他是故意的，笑了起来。

杰夫开场不说话，台下窃窃私语，根据杰夫的习惯，停顿代表要炸场了。

"多少钱买的票子？"杰夫问。

"2280！"一姑娘喊起来，"贵死了！"

"感谢老板给我定了价，把我当产品卖，在过去几千年，还有比语言更廉价易得的商品吗？"

杰夫手一摊，观众聚精会神起来，场下的老板愣在原地朝四周张望，以为自己的阴谋露馅。

"你，第一排第五位，戴着蓝色鸭舌帽那位。"杰夫指着姑娘，身边的观众错愕不已纷纷看向她，"我记得你，两个月前的一场演出你在嘲笑我，你现在在想，这人不是你曾经见过最差的脱口秀演员吗，怎么现在能上个人专场了？"

姑娘起身准备离开。

"你会真心地笑我的段子吗？你永远在嘲笑我！"

老板在耳麦里勒令杰夫快点按照稿子讲，杰夫摘下随身耳麦，丢到观众席里。

"你们也当我是产品，消遣完了就寻找下一个。"杰夫自问自答，"你们对我来说就是透明的，我的语言已经渗透进你们的思维了，你们的底层思维如此单薄不堪！"

第一排人惊呼而散，后排也依次起身离开。

"别逃啊！"杰夫准备跳下舞台，剧场保安涌上台，抓住杰夫的腿，杰夫早有准备，从腰间抽出水果刀，保安们都退却到台下。

"观众朋友们，由于我们的演员目前精神状态异常，因此请大家从两侧大门有序撤退，警方已经赶来！"

舞台上杰夫挥舞着刀子大喊："语言的崛起早已不可阻挡，自从你们开始习惯揶揄、嘲讽、贬低、抹黑别人，习惯把假借的善意挂在嘴边涂抹脸面,就已经开始了一条不归路!"他举着刀子,站到台中央仰天闭眼,他以为台下的观众万众朝圣般肃立聆听他,实际早已散尽。

"放下手里武器!"门外的警察朝里喊,配枪都已经举起瞄准杰夫,杰夫翻滚到台下扑倒毫无防备的老板。

"你跟我走。"

一场喜剧盛宴演变为公共突发事件,老板身边的人都退出后台。

身材瘦弱的杰夫,不知道哪里来的蛮狠力气,提溜着一米八十多的老板一路飞奔,两人从二楼空调外机跃下,他闪进老板的车,要挟着老板朝K的住处开去。

急刹车的轮胎皮尖锐声响,K没被惊到,他早有预料,窗外,杰夫挟持着一个男人上楼。

不久杰夫推门而入。

"杰夫,放下凶器,魔鬼才拿着刀。"

"我现在满脑子都是你写的东西!" 杰夫将老板摁在办公桌前。

"快报警,K。"老板央求,K刚想摸手机,杰夫就把刀子搁在老板脖颈处,摊开手掌,让他交出日记。

"你报警的话,这些日记也就会被我公开,大不了咱们玉石俱焚。"

杰夫朝书架望去,眼神像是一个虔诚的朝圣者,却觉得K的书架摆放似乎有很大变动,原本按顺序摆放的标签现在都按照序号倒序排列，见到杰夫的眼神，K知道已经无法阻拦他了："你看到尽头的生物了是吗？"

杰夫点头："尽头藏着一头猛兽。"

"啥尽头？"老板问，杰夫一巴掌上去，老板捂着脸，K想趁机夺刀，杰夫反应迅速，一脚踢开办公桌将K撞倒在地，挥舞刀子勒令K抱头靠窗。

"你最好放弃，不然我也救不了你了。"K劝他。

杰夫阴笑，眸子里一股杀气丝毫不虚："K先生，麻烦你打开书橱，交出所有日记本。"

刀刃抵在老板脖根处，杰夫伸手问K要他的东西。漆黑的办公室，杰夫的黑影在老板看来，像是过分蔓延枝杈的树，手里的刀子在寻觅着人血。K长叹一口气。

杰夫一拳砸晕老板，确认他无意识之后打开台灯，将笔记本摊开，他要一个一个细节问清楚。

"语言就是程序，不是零就是一，你的日记是一本编程教材，你故意留了一个BUG给我，根本不是一个完整的程序，所以我需要你剩下的日记，那些部分才是你研究的核心内容，你编织了一张联通语言和思维的网，我已经知道了机制，我现在要知道入口。"杰夫把K不能说的秘密都说了，"所以告诉我，你日记里一直提到的两只猴子怎么回事？"杰夫将刀戳到K眼前晃悠。

"我在猴子身上做过数年的语言体系趋同试验，一只地位较低的公猴，成功让它们族群首领……"K先生低下头。

"让首领怎么了？"杰夫急不可耐。

"让出了自己首领的位置……"

杰夫借着台灯的光晕阴冷地咧着嘴，人笑起来但凡眼睛不眯缝就很不正常，K知道这个面部表征，杰夫的确只差他的另一半日记本的内容了。

杰夫笑得越来越大声，K听着，觉得这是他一生中听到最发自肺腑的声响，杰夫笑到咳嗽才停下，喉管黏膜都滋出了血。他抿干血，从口袋里掏出录音笔放给K听，之前几次密谈的内容杰夫悉数录下，K闭眼低头，他没料到真的会有人把自己灵魂出卖给语言去变成魔鬼。

K的书橱中间可以翻转对折，两面翻过是两排深嵌进墙体的暗格，剩下的10本日记本，原来是通过暗格取出的，杰夫还发现，整套日记的最后两本，还夹杂着些许发黑的血迹。

"猴子血？"

K微微点了点头，想起了无法回忆的过往。

"你可真厉害，还干过这么残忍的事。"

K低下头，他无法直面那次试验，怯懦地提醒道："你最好不要陷进去，我再次提醒你。"

"谢了，最后再问你借一样东西。"杰夫点了点自己额头，他要一枚尚未注册在案的芯片，他早已打听到，K这里有库存，之前经常给老板提供，为了让他来批量塑造喜剧天才。

"你不会成为喜剧之王的。"K在威逼之下交出芯片。

"我会的，以另一种方式。"

杰夫背起老板，消失在走廊尽头，警车只晚了一步，队长将人马分成三波；一队人保护现场，另一队人将K带走审讯。剩下的人手以学校为中心，撒开网层层搜捕杰夫。

市郊，一处杰夫事先找到的待动迁危楼里，满地都是啤酒瓶玻璃碴和香烟屁股，连落脚的地方都没有。

杰夫趴在地上，一本一本探寻日记的规律，规律没有按照时间顺序，K刻意乱序摆放，并且以自己才懂的序列号编码。杰夫很懂编码，在已经看过的日记里，K的叙述看似平淡，但是字里行间都涉及了两只猴子的故事，那只年轻猴子身上发生的事，杰夫想要重演。

年轻猴子如何一步步让首领交出领袖位子的步骤，清晰展现在日记的字里行间。杰夫拍手叫绝的喊声惊醒了老板，他扭动脖子看到杰夫撅着屁股，像个蛤蟆一样匍匐在地，半张着嘴伸出舌头，朦胧间觉得他伸出了蛇的信子。

"杰夫……你逃不掉法律制裁的……"老板咕嘟嘴勉强呻吟，杰夫把脸蹭到老板耳边，伸手摸了摸老板的额叶位置。

"猴子身上可以做，那你也应该也可以。"

花了近两小时理出猴子实验的前因后果，那个K曾经提到的无法进行下去的实验在杰夫的脑中有了雏形。

"先去除短时记忆功能，让大脑皮层只记录长时间记忆，这样能大量保留底层思维，创造一个最本能的思维世界观。"杰夫感叹，"K真是个狠人，看不出原来他这么心狠手辣过。"

午夜，杰夫又看了八本日记，基本摸清了方式和原理。

杰夫听到警车的呼啸声，又清醒起来，看完最后两本日记，里头记录了整个猴群做完额叶手术后的一系列怪异行为。

整套日记宛如是一组严谨互相精密嵌合的软件工程，杰夫已经找到最合适的人选来让他进入这张大网。

他丢下日记，嗤笑着向窗户洞外望去，市中心灯火璀璨的夜，将要和他有关了。他大笑，笑到累趴才心满意足，倒在玻璃碴上重复着K的话直到睡去。

梦里，一代喜剧之王已经从自己嘴里伸出另一张嘴，它的唇齿比杰夫还要灵动、洒脱、自如，可以伸进想去的任何一处思维缝隙。嘴到处摸摸，探探，找个人聊聊，然后将他的附加思维带走，只留下空洞单薄的底层思维，任他修改和寄生。

醒来，杰夫心满意足，他已经完全背出了K的日记，这些日记已经沦为工具，就像原本人们印象里语言的地位一样，既然是工具，毁掉会是更好的进化。

"K先生，我先履约，希望你也信守承诺。"杰夫甚至自以为K和他有过互相保密的承诺，感到自己是守信的人，他一把点燃了日记本，烧成灰烬，借着夜里上海常起的西北风，四散到楼下。

嗅着纸张灰烬的余味，杰夫踮起脚跳起舞，舞姿很难看，但是他觉得自己体内有些东西正在成形。

"语言过去只是底层思维的形式，而一旦披上了华丽外衣的思维，语言就不仅仅是形式了，变成了思维的一部分。"

说着杰夫开始旋转跳跃，他跳了一晚，不觉得累，人的累，是因为想得太多，因为思维的负荷，成型的那个东西将带着杰夫的底层思维呼之欲出。没有了思维的负担，杰夫的身体没感到任何困倦，肾上腺素和肌肉分泌的大量乳酸交织在一起，这种感觉仅仅停留于身体上，脑部依旧轻松。

老板到第二天中午才饿醒，朦胧间发现杰夫一步步爬向他，绕着自己像只猴子似的抓耳挠腮。

"我需要你的密码,还需要借你的手指指纹一用才能取款。"

老板见到刀子又扎进他的肉,痛得大喊出银行卡密码。

"啊……"见老板说出了自己想要的信息,杰夫就一铁棒击晕了他,将他五花大绑后出门寻找郊区的一家认识熟人的诊所。

"老板,你好好安睡,醒来你就会成为你想要的完美喜剧之王了。"

杰夫盘坐在砖块瓦砾的地面小憩,等待灯火消散。变了新颜色的人,总爱等黑暗能把身上滋生出的歹念打扮得精致些再出门。

诊所里,医生眼巴巴看着一摞钱。杰夫手指飞快,舞弄着刀子笑眯眯地盯着老板的额头。医生再三犹豫,想着这辈子还没一次性见过这么多现金,便唯唯诺诺地答应杰夫。

杰夫拿出K的最后一本日记本,展开里头手术的细节照片,一页一页翻着告诉医生该怎么动刀子。

"怎么,你晕血啊!"杰夫看着医生拿起刀子时,手都在颤抖。

"我没做过啊,这手术很危险。"

"不危险,你照着做,做一次不就会了吗?我看步骤并不繁琐,只是需要你很仔细。"说着杰夫拿出刀子恐吓。

"我尽量,我尽量……"

"这就对了嘛,小小一个手术,做好了,我这里还有一个一模一样的手术也交给你做,费用你尽管开价。"

杰夫捏了捏医生肩膀,沉下身子,给他翻到日记本里粘贴的一组照片:"看图做手术,我想这不难吧。"

医生差点没站稳,一只猴子的前额头皮被掀翻到后脑勺,照片里的主刀大夫虽然背着身子，但年轻时K的身形还是依稀可辨。

"别给我搞黄了，不然你也是照片里这猴子的下场。"

杰夫晃晃刀尖。

"老板，他不会是什么大人物吧？"医生还在嘀咕。

杰夫看了看老板一脸横肉的讨厌样子，轻蔑地龇牙："他只是个永远出不了名的三流脱口秀演员，而我才是大人物。"

说着杰夫又掏出一大笔钱，医生咬咬牙决定下刀。六个小时，医生满身是汗，拉开白帘让杰夫自己来看"成果"，杰夫对着照片一点一点核对细节，很是满意。

"挺好。"杰夫把银行卡直接给到医生，"里头的现金管够，你拿好。"

"这……"医生感到害怕，他发誓不会再做这种危险的手术。

杰夫撩开自己的刘海，看着老板创口的位置，点了点自己的额头，笑眯眯地说："一代喜剧之王要诞生了，希望你帮个忙。"

医生低声问了句里头到底多少钱，杰夫说七位数，说罢就找到麻醉剂，给自己打了一针，平躺在他老板身边的担架上，手指捏着一枚芯片。

"你准备好了就开始吧，神医。"杰夫慢慢闭上眼。

有了上一场手术的经验，医生倒没那么害怕了，四个小时就缝合完毕，等待麻醉药效消除，杰夫睁开眼，嘴里嘀嘀咕咕，语言功能和芯片之间的连接建立起来了。

杰夫强忍伤痛爬起来，不顾医生劝阻，背起老板一步一步借着夜色回到废弃大楼。

警方对麦麦的询问没有新发现，上次不欢而散后，他俩就没见过了，警察在K的办公室也没有发现什么，K的说辞很符合杰夫的行为，次日就让他回去随时等待传唤。

废弃大楼里，老板额头的纱布渗出的血渍渐渐变浅，杰夫在一旁看着什么大纲，等待老板清醒之后给他朗读，朗读的节奏和频率在K的日记本里描述得一清二楚，杰夫谙熟于胸。第二天清晨老板睁眼，目光没有任何焦点，看到杰夫也并不回避，直愣愣地盯着，嘴里呜呜呀呀也听不清在说些什么。

"你是谁？"

"我是谁？"老板还有本能，跟着附和，但是也会问自己。

"我是杰夫。"

"哦，我是杰夫。"

术后的反应都和K日记里描述的一致，杰夫欢欣雀跃起来，现在老板在他眼里可是个瑰宝，要好生圈养着。他给老板喂了些干粮，再过八小时，老板的额叶功能就会依次从紊乱中恢复，那是最完美的时间点。

潘多拉的盒子打开的一瞬。

警方正在调阅所有监控一一比对，锁定九平方公里的辖区范围，随即开始挨家挨户搜查。

两天后的傍晚时分，杰夫看了看手表觉得时候已到，拍醒了老板，这两天里老板睡醒了就被杰夫灌输一系列早已筹划好的内容。

一段话就是一段人生，最后一段人生之后就是重生。

"把你交给我。"杰夫开始。

"交给你？"

"嗯？你不愿意？"

"交给你吧。"老板的底层思维里,别人身上有着自己没有的东西,就想去掠夺,这一层思维模式开始发挥作用。

"我愿意成为你。"

老板的额叶伤口稍有愈合,那一部分掌控短时记忆的区域被摘取后,杰夫完全参照K对两只猴子手术后的一系列方法进行灌输。

"我额头的伤口是前两天自己不慎跌倒撞的。"

"是前两天自己不慎跌倒撞的……"对于这些细节,因为已经被摘除了短时记忆区域,老板只能无意识地跟着复述。

"我做阴阳合同陷害杰夫,所以他绑架我只是想要回应的权利。"

老板照着杰夫说的话念。

"等杰夫出狱,将自己的脱口秀公司交给他,让他成为喜剧之王。"

老板又毫无意识地重复了数十遍。

"哪些话告诉警察,哪些话自己记着,清楚了吗?"

几分钟的沉默后,老板才缓过来慢慢张口:"清楚了,清楚了……"

杰夫赞叹不已,K果然没有糊弄他,老板每重复一遍,都伴随着杰夫的笑声。

突然警察鱼贯而入,杰夫赶紧搀着老板,装作一脸无辜的样子,自己主动伸出双手戴上镣铐。

"我是被逼的,我实在没有办法了,老板断了我的生路。"杰夫跪在地上,老板在一边点头,说杰夫也是无辜的,警察都懵了,不知道是应该给谁上手铐,看着老板更像是元凶。

审讯连夜展开，一切都如杰夫所愿，老板反复强调杰夫是被逼无奈而为，但每每警察提问老板，他又含糊其词、答非所问，额头上的伤疤非要说是滑倒所致，杰夫不是绑架他，而是找他谈谈后续的合作，只不过以一种比较激烈的方式罢了，他希望警察能从轻判处杰夫。老板的律师无能为力，杰夫和老板互相之间证词吻合，看样子好像没有凶手，这也不是个绑架案。

麦麦在隔壁的单面镜后，聆听着杰夫的口供，没有发现任何问题，语气平和，表述清晰，没有任何情绪波动，但她觉得怪异。

这人的说话方式很熟悉，但绝不是杰夫。

而另一边警方开始向K取证，K早已做好准备，没有任何犹豫。

老板、K和麦麦的措辞几乎完全对应吻合，警方把所有可能的串供点作了仔细分析，确认无误之后提请移交检察院。估计也只能当作因为情绪过激引起的一般民事纠纷案件处理。

杰夫出狱的那一天，麦麦一身长袖长裤，戴着口罩、墨镜在监狱外远远地看着杰夫。这条路她再熟悉不过，这是去脱口秀公司的路，杰夫一路上总是回头张望，好在麦麦行事谨慎没有被他发现。

公司楼下，老板早已等候多时，迎接杰夫进电梯，麦麦难以置信。

她在斜对面的咖啡厅坐下等待。

公司会议室里，老板和杰夫面对面坐着。

"喜剧之王。"老板喊杰夫。

"嗯！"杰夫又振作起来。

"会表演了吗？"

"会了。"

"杰夫的表演方式是不是最厉害的？"

"是的，是的，是的。"

"可是你现在锒铛入狱，不可能再回到大舞台了。"

"求求你给我一次机会。"杰夫央求。

老板托着腮思考片刻，其实没有思考任何东西，只是在模仿一些喜剧大师的肢体动作，觉得自己很帅。

"可以，给你一次机会，你也有恩于我，毕竟我也是靠你才能出名的。"

"谢谢老板！"杰夫起身鞠躬，"那么我在哪里演出呢？"

"长乐路，M3酒吧，晚上七点到那里。"

杰夫大呼感恩，但突然发现一件事，问老板："我家在哪里？"

"既然你天生就属于舞台，那就住在公司吧，每天演出结束后，这个舞台属于你，我包吃包住。"

"太感谢了！"杰夫眼含热泪。

麦麦只等到老板出来，上去质问杰夫在哪里，他说早就从后门走了，不知去向。

夜里六点，杰夫早早来到酒吧，老板在里头和客人们畅聊着，杯酒交错间，老板给众人介绍一位喜剧之王，他招呼杰夫进来落座，和老板攀谈的人们看上去都是体面人，都端详着杰夫，问了些奇怪问题。

"擅长什么段子？"

"形体表演、口技、内心戏、朗诵、单口相声，这些我都会！"杰夫很兴奋地介绍自己。

"哦，都会就好。"

一个贵妇插嘴道:"诶,帅哥,到我家里来给我演出呗!"说完递上一杯杰夫从来没见过的果酒,味道很淡,但果香浓郁。

"我还是适合大舞台。"杰夫婉言拒绝。

"大舞台小舞台都一样,你说这一场脱口秀净赚多少钱?"

"市场旺季的话,到手能拿个七八万吧。"老板补充了一句。

"你看,来我家演出一场最少给你六位数,你看呢?"

"还是算了吧……你那儿又不是什么平台,我们需要一个更广阔的舞台。"杰夫看了眼老板,他默不作声只是淡淡一笑。

一个外国模样的男人不知何时站到贵妇身边,看脸型是位混血的中年成功人士。

"你们在聊脱口秀?"

"哟,斯蒂文,语言艺术你懂吗?"贵妇热络地调侃着,半个屁股却已经不自觉让出位子,斯蒂文并没有坐下的意思,朝杰夫半鞠躬致意。

"杰夫先生您好,您的脱口秀我一场不落,都看过,包括线下和线上。"

杰夫赶紧站起来,斯蒂文让他不要多礼。

"这位?"老板端起酒杯看着贵妇们。

"斯蒂文呀,侬啊伐宁德啊!(沪语:你也不认识吗)"

老板摇摇头。

"不对呀,我记得你俩认识的呀。"贵妇很奇怪。

"最近记性很差,忙疯了。"老板编了个理由,杰夫盯着斯蒂文看,他觉得这张脸很熟悉,不是在哪里看过,而是很久的老友却突然忘记的感觉。

"我也喜欢语言艺术，尤其杰夫是不可多得的天才，我很欣赏。"

"谢谢。"

"你的底层逻辑，不同于其他所有脱口秀演员。"

老板手一抖，酒杯掉在地上，贵妇们骂骂咧咧，说酒水弄湿了自己的高跟鞋。

老板赶紧带那贵妇到酒吧厕所外的公用洗手厅，贵妇叫他赔鞋子。

"没问题，一双鞋子嘛，明天就寄到你公司。"

"你最近怎么了？魂不守舍，像换了个人。"

老板帮贵妇把鞋子在台盆上吹干，给她穿上脚，不经意地问："斯蒂文是谁？"

"托马斯·斯蒂文呀，什么霍普金斯集团的三公子，现在在上海发展文化产业。"

贵妇勾起膝盖，端详着脚面上基本已经废掉的高跟鞋，叹了口气："九万多块一双，也不算贵，算了，你明年的脱口秀年票给我一张吧。"

"一句话的事！"老板挠挠头。

老板刚走进酒吧包间，就发现斯蒂文和杰夫聊得正起劲，两人在讨论笑点的展开技巧，斯蒂文给老板让了座。

"最近在忙什么？"斯蒂文凑近老板时悄悄问了句，将杰夫就此交给贵妇们调侃戏弄。

"继续打造像杰夫这样的喜剧天才，我准备搞一个喜剧之王流水线，批量产，批量推出。"

斯蒂文两眼放光，伸出右手掌，笔直地朝向老板。

"找个时间深入聊聊，我很有兴趣。"

盛情难却，老板勉强地伸出手掌，被斯蒂文一把握住："一言为定！"

"杰夫怎么样，本人和台上是不是一样？"老板问。

"完全一样，这就是最牛的喜剧演员！底层思维和表达出来的保持一致，这就是长久的语言生命力。"斯蒂文说"牛"这个字的时候，一股子伦敦腔的尾音又笑到老板，他"扑哧"一下喷了一地酒。

"干吗？"斯蒂文很奇怪，自己说话的调子这个圈子的人都知道，是独树一帜的存在，老板这有什么好奇怪的。

"没没没，没什么。"

"跟你谈一件事，我开这个价格，杰夫今后到我这里来演出。"

斯蒂文打开手机，在计算器里打了一串数字，老板意会，这是买断费，远远超过自己和杰夫签订的合同金额。

老板表面拒绝，内心已经在算账，这几乎等同于自己三五个月的净收入，自己怎么会认识这么个大方的巨富，怎么都想不起来。

"再说吧，也要杰夫自己愿意。"

斯蒂文二话不说，掏出烟请杰夫到大街上抽一根，贵妇见状，问老板："我记得小杰夫以前不抽烟的呀，倒是你烟瘾很大，怎么今天一根没见到抽？"

"戒了，戒了，对身体不好。"老板慌忙解释，喝酒的时候一直盯着门外的杰夫和斯蒂文，两人相谈甚欢，老板有那么一丝不安起来,但看在刚才的数字份上,倒也觉得心安理得。

演出开始,杰夫上台表演自己在狱中打造的几个段子,贵妇们听得很仔细,但渐渐失去了兴趣,终于忍不住问老板。

"他退步好大啊,不好笑了。"那个要雇佣杰夫的贵妇直言不讳。

"你不要,有的是人要他啊,这是极高的语言艺术修养,只是你听不懂背后的意思。"

"他说的就是不好笑,语言艺术里不好笑就是不好笑,什么境界不境界的。"贵妇打消了刚才雇佣杰夫的念头,省这笔钱还能买更多的奢侈品。

门外的寒风之中,石库门特有的优雅厚重气息也被吹出弄堂,在长乐路上弥漫。

"杰夫先生,入狱的滋味不好受吧?"

"当然。"

"你看这个行当水很深,想纯粹安心于喜剧蛮难的,我给你提供一个极其纯粹的平台,您看如何?"

"什么平台?"

"您的喜剧天赋将最大程度地呈现,我的家族产业是做跨文化交际的,线下的传统模式总有一天会消亡,未来都是交互的模式,脱口秀讲究一种身临其境的感觉,我的技术完全可以达到。"

斯蒂文说着就掏出一枚耳蜗芯片,给杰夫塞进去,眼前出现刚才自己在酒吧歌舞台上的表演。

"你可以自由切换角度。"

杰夫按照斯蒂文的手势扭扭脖子,角度就换到更舒服的位置,就在自己的正下方，仰望着喜剧之王，感觉非常奇妙，杰夫自己的声线滑入耳蜗，流进颅腔，产生了强烈共鸣。

杰夫闭上眼睛，享受着自己的语言艺术。

"是不是觉得自己天赋奇绝？"斯蒂文问。

"当然。"

"这样的天赋是不是应该由合适的平台来让全世界的人都听到？"

"必须的！"

"合作愉快。"

斯蒂文伸手，杰夫也伸出手，斯蒂文攥着一张硬质的卡片，从酒吧里头的角度根本看不见，杰夫微微一笑，接过后悄悄塞进口袋，"合作愉快。"

五

卡特把研究团队各项目组负责人召集到一起，商量下一步怎么办，师父麦克唐纳德给的钱确实很多，但也禁不起他这么消耗，团队成员的奖金已经两个月没有发了。

"都有什么进展？"

七个团队负责人一致摇头，他们要的数据和支持都落空，学界没有给他们任何数据支持，单凭麦克唐纳德有钱也是白扯。

"是时候住手了。"卡特憋出这句话，憋在心里太久了，说出口也总算轻松些。

"是的，要不就这样吧。"其他人纷纷赞成。

麦克唐纳德暴怒起来，抄起东西就砸。团队负责人见状，也没有道别，都各自收拾好东西悄悄离开，顺便去财务室找会计写好奖金的欠条。

卡特花了一个晚上，整理了七个团队的成果，想着第二天一早就拿着成果去告别，这样场面还稍微好看些，给麦克唐纳德一个体面的告别。

忙碌到深夜十一点半，卡特被一组数据吸引住，他停止整理。这组数据来自第五个团队，专门负责梳理出唐纳德鳗的大致灭亡时间线。

古生物的灭亡时间线总有一个迅速坠落的阶段，但这一段的时间跨度，未免有些熟悉，卡特好像在哪里听谁提起过。

"主动退化！"卡特全都记起来了，那段令人咋舌的结果，唐纳德鳗互相帮助将嘴中的口器撕扯下来的怪诞行为。

卡特赶紧打电话将熟睡中的团队成员尤尔佳叫醒。

"干嘛啊？几点啦！"尤尔佳很生气，迷迷糊糊地说。

"我这里有大发现，需要你的数据。"

尤尔佳一阵小跑，来到卫生间洗了把脸，卡特在电话那头急不可耐。

"你的数据里，主动撕咬开始寻求退化是一亿七千八百万年前开始的，一共持续了一千四百万年，这个时间线和唐纳德鳗灭亡的最后一段时间完全吻合！"

"自然界出现过这种反进化方式吗？"尤尔佳的确有过这个想法，但只是和卡特提过一句，卡特以为她是开玩笑没有在意。

"我们对于已知生物的了解度，只有百分之七不到，更别说古生物，很多行为逻辑不能从我们的主观角度出发。"

"反正要散伙了，这些我都不关心，奖金给我即可，我先睡了。"尤尔佳似乎对这个结果没有兴趣，直接挂断电话。

卡特忙碌一夜，将时间线细细梳理了几遍，确认无误，但此时他内心有一股声音在提醒他，不能告诉麦克唐纳德。底层思维提醒卡特这是贪念，而伪装起来的一系列道德逻辑却推波助澜暗示他，自己拿走这个成果，反而是帮助麦克唐纳德解脱。

"是的。"卡特继续用语言助长内心这个念头，自己独享这个成果是救人，不是出于自己的贪念。

卡特把这项成果中几个关键的数据清除干净，存进自己的电脑，其他数据都传送给了麦克唐纳德的邮箱，又写了一封长长的告别信，细数自己和麦克唐纳德愉快的相处。

本想去和麦克唐纳德打个招呼就走人的，但还是按照惯例帮他取来新包裹放在门口，今天有一个格外沉重的大箱子。

打开后，是一个天平，卡特觉得很奇怪，没发现是谁寄来的，端详一阵后，随后将自己的工作证挂在把手上，提着行李箱和电脑踮着脚悄悄离去，没有让麦克唐纳德察觉。

"谁都不能信，只能信自己。"

麦克唐纳德咬牙切齿地说，双手不住颤抖，他已经焦虑到二十四小时四肢抽搐，每次受惊后抽搐都会越来越激烈，要服用大量威士忌，进入一种迷离的幻境才能稍稍平复情绪。

门外的一些风吹草动让他害怕。他一下子站起来推开门，门撞倒了那个天平，撞飞金质的人脑模型，一直滚到走廊尽头。

他捡起那枚人脑，放在天平一头的盒子里，天平倾斜向人脑那一侧，天平杠杆处的人嘴也随之越张越大。

麦克唐纳德又瞥见一堆信函，一脚踢飞，端着天平回到办公室锁上门，他找了块合适重量的压书铁块，放在天平另一端。

天平恢复到勉强平衡，那张嘴回到正常大小，微微张开似有很多话欲言又止。

麦克唐纳德又加了一枚铁块，天平倾斜向铁块一侧，嘴巴一下子收回，只剩下一张只有眼睛的脸庞，甚是恐怖，麦克唐纳德把耳朵贴近那张嘴巴，听出是通过内部机械齿轮带动嘴部精细的零件完成一系列动作的。

"肯定少了一块什么？"麦克唐纳德觉得既然是一个完整的天平，一定两头都会有东西压着，他没见过谁送朋友天平是只有一头有标的物的。

在门口地上寻了半天，没找到，又去门卫那里搜寻，也没发现有遗落，他回到办公室思考着这座天平的用意。

从门卫那里得知卡特刚离开，麦克唐纳德打开手机想联系他，这才看到卡特的邮件，邮件里是团队的成果汇总，麦克唐纳德敏锐地意识到，关键部分已经被卡特带走了。

"还给我，这些都是我的！"

麦克唐纳德立即开车来到卡特的住处，手里握着刀，躲在树荫后等待叛徒。

叛徒没有让麦克唐纳德等太久，卡特下车，脚面踩在石板路上的踢踏声，急切中又带着不安，兴奋中又伴随着些许内疚，麦克唐纳德都体会得出。

"把东西还给我！"麦克唐纳德闪身而出，卡特跑进屋子里锁上门。

麦克唐纳德又从皮带里抽出铁棍准备撬窗户。

"是你疯了,我不和疯子合作,我拿走我应得的部分,你不知道自己有多疯狂,人鬼不分!"

麦克唐纳德被激怒,转而从侧面窗台撬开窗户,猛地一发力跌落进屋子里。看到麦克唐纳德的疯狂举动,卡特从沙发底部的保险盒里掏出手枪,乱打一气。麦克唐纳德没有防备,躲避时肩膀被子弹擦过,从窗台跌落,眼里最后的景象,好像是一个熟悉的面孔。

麦克唐纳德醒来时,四周黑暗一片。

"谁?"他敏锐地察觉到黑暗之中坐着一个人,轮廓是霍普金斯。

"师父?"

浑厚的咳嗽声,配上烟圈后头的金丝边眼镜,已经告诉了他答案。

霍普金斯朝麦克唐纳德靠近。麦克唐纳德想站起来,却发现四肢被捆住,自己似乎是在病床上躺着,他使劲摇了摇,确认是铁制病床四只脚的摩擦声。

"我说过要你控制情绪。"

"是他们逼我的。"

"没有人逼你!"师父大声呵斥道。

"他们窃取我的成果。"

"可笑,这是自然界的馈赠,不是你的成果,不是你能独享的。"

"我是最有资格享受的。"麦克唐纳德还在狡辩,霍普金斯走向黑暗的尽头,打开一道铁锁,炽烈的阳光刺到麦克唐纳德,他才知道,这里是导师说的饲养猛兽的地方,自己就是那头猛兽。

"还记得我的偶像吗?"

"超验主义思想家、文学家爱默生。"麦克唐纳德怎能忘记,师父在他学生时代一再提及此人。

"对,爱默生这人声线奇特,照道理是不利于交流的,会显得刺耳,但是他的语言风格睿智中带有强烈的感情色彩,文字雄辩深邃而变幻莫测,每一个和他初次见面的人都会留下深刻印象,被他的语言深深影响,从而结交下一生不断的友谊。他拥有一种罕见的说服力和感召力,既有贵族式的傲慢,又有君主式的专制,却不乏平民式的直接,夹杂着无处不在的神秘主义色彩。"霍普金斯说着说着又开始朗诵爱默生的各种名句品味起来。

"你想成为他这样的人。"

"不,那很痛苦。"

"为什么?"

"他酷爱演讲,面对越多的人群,他就会越兴奋,并且说感受到一种伟大的情感在召唤。"

"这不是很好吗?"

"这种召唤他的东西,或许经过验证并不是情感……"

霍普金斯打开一盏灯,整个屋子变成湛蓝色,似乎类似于X线的光线集束打到麦克唐纳德身上,自己的生物电信号全部展现在所在的空间,一面镜子反射出他的状态,霍普金斯指了指镜子里那奇形怪状的散射体。

"……是一种可怕的寄生生物,爱默生提起过,用刀割开关键性字句，它就会流血。"

"我不是野兽，放我出去。"

"它在流血。"

"它没有。"

霍普金斯手里拿着几本卷宗，继续点上一支烟，吞吐雾气之间把卷宗往床边一摆。

"我和卡特谈好条件了，他要的东西其实不难办，我都已经满足，你所谓的你的成果我给你要回来，我和你之间是有协议的，我们继续遵循它，你来发布这项成果。"

麦克唐纳德扭动着身体想用嘴叼起文件看，霍普金斯摇头叹息，将打火机也放在床头，缓步离去，关门那一刻告诫他："驯兽师其实自己最容易成为兽，当我时常凝视深渊，深渊或许早已吞噬我。"

床头一束火苗，麦克唐纳德一双深夜树丛深处饿狼般的眸子，泛着绿色的光，嘴半张，伸出舌头："这些都是我的！"

六

上海郊区，嘉定的一处中式别墅庄园，斯蒂文派司机接来杰夫。

司机一路上介绍着老板的基本情况，汽车驶入地下车库，一部电梯直接能来到后花园。斯蒂文一身便装，早已在花园里等候着杰夫。

"朋友，别来无恙，我就知道你会履约。"

杰夫点点头,说了句"你好"。斯蒂文带他直接参观起这栋华丽的大宅子,宅子沿用中国园林的布局,一步一景和远近借景的运用处处体现出考究感,用的材料却并不奢侈。穿过门廊和会客厅,杰夫发现纵深里的内容更加巧妙。在和主卧之间,主人打造了一条蜿蜒的小河,掩藏在表面的假山和石雕之间,只能听闻潺潺水声,又不知河流具体位置,脚下的每一寸似乎都在水声之上。

"中国园林就是古代世界的系统思维代名词,一个系统包含着若干的子系统,但是子系统又构成整体系统。"斯蒂文这么介绍。

"嗯。"杰夫急着来拿第一笔钱,没有心思听这些寒暄之词。

"但是系统一大就会有死角,听说您之前干过软件工程师?"

"我不记得了。"

"幽默,幽默。"斯蒂文继续,"软件中最难处理的是穿着正规代码外衣的病毒,他们的底层代码是被层层包裹住的,很难被破解。"

"嗯。"杰夫有些不耐烦了。

"我说这些是想告诉您,喜剧绝不仅仅是喜剧,而是语言中被极度忽略的子系统。"

"有道理。"终于回到正题,杰夫兴奋起来。

"你一定知道世界语1.0就要发布了,我需要你在这个系统里占到一席之地,这边请,我们详谈。"

斯蒂文带路,将杰夫引到起居区域,在中国古典园林中,那里称作内庭。

内庭很开阔,这块地是斯蒂文问开发商买来的,本来是社区公用面积,作健身区域。

这里的格局采用东西偏房样式，两面建筑群林立，南北通透，中央造有一片错落有致的假山竹林。

树林里，有几个身着白色睡衣的人在自言自语，没有眼神交流，对着空气的对话互相丝毫都不影响。

"他们是？"

"哦，我的病人。"

"您还是医生啊！"杰夫很惊讶，但是斯蒂文的气质儒雅细腻，的确颇有主任医生的品质。

"这些都是语言障碍症患者，我这里不仅仅自己住，还是一家私立医院，免费救治这些人，等他们病情好转就回归社会过正常人的生活。"

"做慈善。"

"没错，不能老是向别人索取，总要有付出，我觉得挣钱也挣够了，要做点有意义的事情了，买卖做得心里不踏实。"

"你找我来不会是给这些人讲笑话吧……"

"不不不，刚才提到世界语1.0，我是系统亚太地区的牵头人之一。"

"很牛。"杰夫再次打量起这个高个子混血儿，那种手术刀般精准的气质流露无遗，的确像个做大事的人。

斯蒂文听到"牛"这个中文，感慨道："人类总喜欢用动物来当形容词，猪代表愚钝，鱼代表木讷，虎代表力量，都是共通的，其实我们的本性和动物别无二致。"

"嗯。"杰夫仍旧不知道斯蒂文含沙射影想要表达什么。

"世界语这个系统看似庞大复杂，其实说起来也就三个模块，一半资金用于世界语运营，另外接近三成的投入是防火墙，还有一块是底层思维。"

"底层思维！"杰夫忽闻这个自己常听到的字眼。

"我知道，你一定会惊讶，语言是输出端，而本质是思维，所以底层思维的塑形非常重要，一旦放任底层思维混乱和不一致，那么一个局部系统，比如亚太地区的运行就会导致混乱，中文对于占世界半数人口的亚太地区，有着深远影响，所以我的团队需要您这样的喜剧天才，来为我打造一个合适的、易管理的底层思维架构，我请设计师根据您的想法去打造即可，当然您自己也曾是软件设计师，那么沟通起来就更容易了，所以你是我万里挑一的人选，我关注你很久了。"

"原来如此。"

有点失落，因为斯蒂文需要的不是喜剧本身，但能参与这么大一个项目，杰夫倒是也有点冲动。

见他嘴唇抖动，斯蒂文品出了他并不拒绝，顺水推舟继续抽丝剥茧地介绍："这些语言障碍症患者，也为这个系统提供解决BUG的样本，我也不是完全公益，人作出的任何行为总带有目的。"

"能理解。"

"不用担心酬劳，智慧所产生的劳动都是应该被尊重的。"

斯蒂文不疾不徐，一点一点打开杰夫的不解，为何要花费几个月去了解他，就是寻找一种他最舒服的方式去输入语言，但斯蒂文发现杰夫和自己所掌握的那个人有很大差别，他以为杰夫没这么容易信任别人，没料到他如此爽快同意了入伙。

"可以，有什么要帮忙的尽管吩咐。"

"我很喜欢和您这样的人士合作，没有花里胡哨的掩饰，就像很多小说虚有其表，一大堆引用和诗歌，都掩盖不了内容的空洞和底层思维的虚浮。"

杰夫被他的语音语调打动，那种设身处地的情感力度的确很吸引人，于是也主动起来，告诉斯蒂文可以详谈合作细节，自己的喜剧理论完全可以共享。

两人在内庭逛了一圈，又发现很多语言障碍患者，各自有各自的症状，但是唯独没看见任何一个大夫，杰夫心里觉得蹊跷，但也没敢问。斯蒂文带杰夫进入会客厅，没料到已经有很多人在那里恭候杰夫，有些还要了他的签名，说都很喜欢他特有的喜剧风格，杰夫一一答应在他们衣服上签上大名。

"杰夫先生，您的签名字体怎么变了？"斯蒂文歪着脑袋看他写字。

"哦，大牢里蹲了几个月，我都忘了怎么拿笔了。"

"您是被陷害的，该坐牢的不是您。"

"谢谢。"

"杰夫先生，要不是我们老板极力为您争取到最好的辩护律师和法律担保，您可没那么快出来哦。"一位助理在一旁附和道。

"啊！"

杰夫一下子跃起，但是斯蒂文看不出任何感恩的申请，而是一副纠结和不解交织的申请。

"就你多嘴！"斯蒂文一巴掌拍在告密者脑门上，他耳蜗的芯片应激状态下突然回应了一段话，"该说的说，不该说的不说。"

杰夫发现这里除了斯蒂文,其他人的耳蜗里都装好了芯片,看来世界语的普及的确是大势所趋。

"斯蒂文先生戴过芯片吗?"

"没有。"

"餐饮店老板绝对不吃自家做的菜。"

杰夫逗得斯蒂文大笑起来,笑过之后一抹阴冷划过眉头,他严肃起来:"老板只有觉得自家做的菜不好吃,才有开下去的动力。"

"有道理。"杰夫细想,觉得和斯蒂文这样的人物打交道,需要极其缜密和流畅的逻辑思维,否则很容易被他带进自己的语言节奏里。

好在杰夫每次回答都用含糊其词的字句,让斯蒂文摸不透他的底层思维,两个语言高手第二次过招,依旧没有分出胜负。斯蒂文在谋划第三次的过招,下一次将是实战测试,斯蒂文打算带他去真实系统里试试成色,再决定合作与否。

七

麦克唐纳德用了一晚上,把卡特窃取的成果悉数背诵出来,一把火将文件燃成灰,才大喊着要出去,没料到门并没有上锁,只是虚掩着。

大厅里传来钢琴声。

霍普金斯在大厅的一角弹琴,麦克唐纳德通过间奏才听出来,原来是理查·施特劳斯的交响诗《堂吉诃德》。

"或许你觉得这首曲子的终曲最为动听，因为沉静、悲壮，堂吉诃德临终时依旧读着最喜爱的骑士小说，最终离开了他依旧喜爱的人间。"

"您弹的绝对不是终曲。"

"没错，是第十章节变奏，讲述了卡拉斯科为了让堂吉诃德从疯狂的梦中清醒，诱使他与自己进行决斗，结果堂吉诃德被轻松击败，终于恢复了理智。"

麦克唐纳德领会师父的意图，是师父救了他。

"我们很容易成为堂吉诃德，以为可以单凭自己拯救这个荒唐的世界，荒唐的究竟是世界还是自己，只有通过决斗才能清醒，而决斗是骑士最好的归宿，要么交出生命，要么继续骑士的梦。鲍德里亚的《恶会腹语》里说，善通过否定恶来建立绝对的善，恶通过善的赦免来洗白，恢复自由，此时的恶会通过这种方式来开始腹语，会腹语的恶在政治层面就会产生霸权，在心理学层面就会产生各种负面情绪，在社会层面就会产生各种思潮和逆反，但是在人类史学层面，很少有人研究过，这才是我这一生研究的核心。"

霍普金斯合上钢琴盖子，走出大厅，来到花园里阳光最刺人的位置站定，四周几乎没有自己的投影。

"经过我的家族五代人的努力，揭露了一件事，作为人类赖以存在的最重要方面，思维发生了一系列恶的腹语事件，我们互相越发不信任，越发难以理解彼此，越发难以接受别人的观点，你自己就是一个典型例子。"

麦克唐纳德也无法想象自己有多疯狂，竟然敢持刀入室。

"相较于百年前，语言产生了极大变化，高层次的思维对语言的依赖是超乎想象的，没有高级的语言，高级的思想就无法传递，语言再也不仅仅是思维借助的工具，而成了塑造思维的重要建造师。"

霍普金斯说完便喊秘书的名字，老远一个人抬着大约七八米高的梯子，架在花园里最高的一棵树树冠上。

"你应该有一个疑问，就是为何我这个花园的布局特别随意，起码边缘必须是个直角才方便园丁打理吧。"

霍普金斯很熟练地爬上梯子，那块他常踩的树杈上已经有了脚印的磨痕，他让徒弟也上来瞧瞧。

麦克唐纳德迫不及待地往上攀，直到在树冠层站稳，才发现这是一座世界地图造型的花园，每天都修剪的部分明显是一些国家，而从不打理的草丛部分面积更大。

"那里是欧盟板块，最早进行驯兽试验的地方，北欧最近也加入了协议。"

麦克唐纳德没料到，师父的驯兽地图竟然在这里。

"世界语是您布置的一张语言牢笼。"

"是防护墙，墙外尽是语言猛兽，墙里头是我们脆弱的思维世界。"

"怎么不保护人？人才是思维的载体。"

霍普金斯点点头："保护人是军队的事情，并且没有了思维，人和动物没有区别，我不能指望一头野兽来善待动物。"

"人活着，思维就会存在，这不矛盾。"

"你刚才在镜子里看到的东西，就是那头猛兽的形象，你怎么想的，它就长什么样子，但你思维的极限绝不是语言的极限，你想到尽头的时候，就是它逃脱的时候。"

麦克唐纳德倒吸一口气。

"我最早也不信语言和思维是可以分道扬镳的。"霍普金斯察觉到起风了，树冠非常危险，他攥着绳子在腰间打结之后，小心翼翼地下树。

"走，带你去看看样本。"

树冠层上，麦克唐纳德被一块巨大的形状吸引，大声问树下的霍普金斯："怎么中国那块地图还没有修剪？"

霍普金斯杵在原地，呆滞了数秒，朝上张望着麦克唐纳德。

"那里是我管不到的地方，中文很麻烦，并不按照语法去构造意义，在中文影响的国家地区设置防火墙非常困难。"

霍普金斯带麦克唐纳德再次进入宅子的顶楼，一条幽深的走廊，左右两边是十二间偌大的套房，其中有一间门的上方刻着自己的名字。

"十二个尚在人间的项目参与人，我是其中之一。"

麦克唐纳德在房门前一一念过名字，有几个是闻名遐迩的商人、学者，有几个他闻所未闻，其中一个叫斯蒂文的名字引起了他的注意。

"这就是那个叛徒。"霍普金斯在走廊尽头朝自己房间里张望，发现麦克唐纳德站在斯蒂文的房间前久久不动。

"他和我的父亲、祖父都认识，我们一同创建'守护会'，十几年前他叛变后带着巨款离开组织，现在据说在中国伺机反击。"

诱敌深入是古代中国军事思想的一大精髓，但从一开始就引导向自己想要的话题，并且循序渐进，这才是真正的中文思维方式，霍普金斯把握着对话的火候,他觉得时机到了,该亮出底牌了。

麦克唐纳德学着霍普金斯试图打开窥视口的罩子,但是上了锁,耳朵贴着门,没有听见任何移动和呼吸声,只有滋滋滋的规律响声。

"谁?"门里头突然有人问。

麦克唐纳德吓得没稳住步子,撞在门上,身子太大,把窥视口的罩子砸断掉落在地,他不敢往里看,只觉得有一簇一簇的光点,从自己眼镜镜片上反射出来。

霍普金斯跑来,赶紧关上斯蒂文房间的窥视罩子。

"里头是猛兽真身。"

"里面没住人,怎么会有语言存活?"

霍普金斯脱下外套,挂在门前挡住损坏的窥视罩。

"天平的一头是思维,另一头是语言。"

麦克唐纳德记得另一头并没有任何东西,这才想起来这奇怪的礼物,不知意欲何为。

"另一头是我们在填补的空白,这些年的研究基本确定语言是平衡思维和某种存在的天平。"

"思维可不是量化的,如何去平衡?"

"那一头的存在,也一样是不可量化的,但通过电磁波和X射线,加上动态影像捕捉技术,语言的本质无非是一种电波,发音器官只是工具,它依靠语法繁衍完成新陈代谢,依靠人脑这个宿主进行寄生,通过口器来转换宿主,或者说叫感染也行。"

"你是如何脱离掉宿主独立生存的?"

"人脑是一台极为精密的计算器,而计算器撇开所有的部件,不过是复杂的公式,而复杂的公式撇开所有符号,不过是0或1,于是宿主就可以被构造起来,这也是世界语的底层逻辑框架。"

"我能看看你房间的东西吗?"

"可以,但其他人的不行,尤其是斯蒂文的。"

麦克唐纳德慢慢挪到霍普金斯的房间,沿途刻意避开窥视口,俯身向前生怕被发现。

他打开窥视罩朝里看,额头的青筋开始不住地颤动。

霍普金斯在尽头等他,秘书急匆匆赶到,带了两个修理工,把斯蒂文的房间又上了一道铁门,这道门不再有窥视口。

麦克唐纳德观察了足足半小时,霍普金斯把半包烟都抽光了,直到斯蒂文房间里突然喊了一句:"你们给我等着!我会颠覆掉整座世界语牢笼的!"

这才让麦克唐纳德缓过神,赶紧关上窥视罩子,来到导师这里,眼睛因为盯着黑暗的地方窥视太久,看到大厅的光,有些睁不开。

"有意思吗?"

"嗯……" 麦克唐纳德仍旧像中了邪似的魂不守舍,"奇妙……我觉得给十个诺贝尔奖都不够……"

麦克唐纳德在晚饭后才缓过神,急忙问:"你把自己的语言剥离出思维干什么?"

"万一哪天我们在世界语系统里遭到攻击被感染,还有补救机会。"

此时,一通来自中国的急电要找霍普金斯,他接完放下后面色凝重，秘书问："先生，出什么事了吗？"

"世界语亚太地区项目参与人K失手释放了一头猛兽，一个脱口秀演员窃取并且成功运用了K先生的那套机制，和他的老板交换成功，目前还不清楚是不是斯蒂文搞的事情，如果他介入，后果不堪设想，他几乎知道我们所有的机密和技术。"

秘书大惊失色，赶紧联系几个项目参与人紧急开会磋商，这个案子如果在世界语系统发布当天便传播开，将会成为系统的恶性病毒，很难根治。

"必须立即控制住寄主和宿主。"霍普金斯下了决定，准备连夜启程赶往上海，一同旁听的麦克唐纳德才意识到事态严重，明白这会让系统面临重重考验。

"明天你代我主持发布会，遇到情况释放出我的语言。"霍普金斯临别留下嘱托给秘书，看了眼麦克唐纳德。

"我深陷牢笼时您救了我，虽然不知道如何偿还，但是我会学习当个好捕手。"

"天平两端，思维和生命维持平衡，语言适可而止；当思维的那一头翘起，语言张开血盆大口，生命进入倒计时。"霍普金斯最后发出邀请，希望麦克唐纳德入伙，能够从基因分析的角度提供技术支持，保证世界语系统稳定运行。

师徒击掌，随即出发。

八

世界语发布会在即，欧洲、美洲、中国将同一时间发布。

杰夫发现自己还没有做什么，一大笔钱已经进了他账户，比他脱口秀挣到的多得多。

斯蒂文对他的要求只有一个，在世界语发布后为他建立一个脱口秀自媒体平台，想要进入平台聆听段子的用户必须注册，这样一来斯蒂文就能通过暗网介入他们的芯片，从而攻击听者的思维。

杰夫也不用担心说什么段子，斯蒂文早就给他准备好了数不清的笑话，杰夫只需要用自己语言表达出来即可招揽大批拥趸。

斯蒂文悄然布置下一条指数级别的病毒传播链，他等待着世界语发布的那一刻。

麦克唐纳德和师父火速赶到上海，离发布会还有两小时，亚太区的筹备组尚不知道这次事故，K先生在自己办公室等着他俩。

霍普金斯进门脱掉大衣，K一脸歉意。

"怎么捅出这么大的娄子？"

"一时疏忽，把日记借阅给一个脱口秀演员看，结果出事了。"

"他现在人呢？"

"在隔壁，我昨晚让他住到我这里看护着。"

推开门，霍普金斯看到一个小个子年轻人，盯着电脑戴着耳麦，正在讲脱口秀，这个深谙中文的男人没有打搅杰夫，默默听了五分钟，觉得有点奇怪。

"你说他是喜剧天才，可刚才这脱口秀讲得还不如我啊。"

"我也觉得奇怪，他以前不是这样的。"

"不对劲！他绑架的人在哪里？"

"是他老板，脱口秀公司老板，现在应该在上班。"

"带我去见他。"

K带着两人驱车赶到剧场，发现周一一早竟然大门紧闭，K在大堂门卫那里得知老板一大清早开车来的，上了楼就没再下来，并说还有一辆车里随后下来一个高个子的外国人，上了同一楼层，也没再出现过。

"什么样貌？"K追问。

"一米八十五左右，瘦高个子，鼻子很高，嘴唇很薄，有点混血。"

"斯蒂文！"霍普金斯觉得大事不妙，让保安先报警，他带着麦克唐纳德和K回到剧场门口。

离世界语发布还有十分钟。

没时间了，霍普金斯叫麦克唐纳德取来消防栓，砸开剧场大门的铁链，两人刚破门而入，斯蒂文就推着杰夫老板从办公室走出来。

"哟，好久不见，霍普金斯先生！"

斯蒂文手里握着枪，示意两人别挡路。

"你还是晚了我一步。"斯蒂文笑笑，一步一步来到门口，麦克唐纳德只能放下消防栓。

"收手，你还有机会重新做人，我们找了你十几年，终于在这里抓到你了！"

"抓我？世界语的底层架构是我做的，可是我得到了什么？"斯蒂文越发激动，霍普金斯向后退，不再激怒他。

"杰夫，你倒是说说看，他们背着我做了些什么试验？"

斯蒂文枪口抵住杰夫老板的腰。

"利用语言换人。"

"杰夫?"K指着杰夫老板,"不可能,人体实验我自己做过,不可能成功的。"

杰夫老板看着K,露出狡黠的笑容,K认得,那抹笑容和杰夫如出一辙。

"你个混账!"K大骂。

"是你们逼我的,这里的一切本该属于我!"

斯蒂文打断他们:"别在这里掰扯些过去的烂事了,你们今天正好到场,当个观众吧,看看世界语系统的崩塌。我一手缔造的,就由我来毁灭。"

斯蒂文叫杰夫打开员工电脑,给了他账号和密码,登录暗网终端。

距离发布会开始还有三分钟,斯蒂文紧紧盯着时间。

"这个世界上只有杰夫知道如何换人,他现在替我做事。"斯蒂文一步一步指导杰夫进入暗网终端进行准备工作,发布会一开始杰夫的假身就会在脱口秀专属平台开始直播,大批拥趸会蜂拥进自己预设的暗网终端。

"你在额叶位置的所有手术,我都不需要动刀子,只需要介入每个用户的芯片进行,这么多年我一直在潜心研究世界语体系的漏洞。"

"都已完成。"杰夫让斯蒂文来检查,他很满意,从口袋里掏出专属自己的那枚芯片交给杰夫,让他植入暗网终端,他让麦克唐纳德关上灯,紧闭大门。

黑暗中,斯蒂文的语言闪着荧光,从额叶处和芯片之间产生连接，复制着自己的语言风格和形态。

他很骄傲地提醒霍普金斯："芯片只是个工具，你的产品太老旧了，一花一世界，意识也是有形的，植入的芯片的确便于控制，但是不够隐秘，隐藏着巨大的安全问题，我的芯片是未来的趋势，你等着被我颠覆吧。"

瞬息间，斯蒂文脑中的语言猛兽全部复制进芯片，杰夫将它植入暗网终端，完成最后一步。

"下辈子再抓住我吧。"

发布会开始，十秒后斯蒂文却瘫软在地，警察恰好涌出电梯门，霍普金斯和警方解释了经过，杰夫老板被带走，K推开警察，捧着杰夫老板惊诧不已不知所措的脸，大骂都是自己的错。

"杰夫又换人了，和斯蒂文一起找到了新寄主。"

发布会已经开始，预定是五分钟后开启世界语亚太区系统，霍普金斯要求用尽一切办法暂停发布会，但还需要一些流程，没人敢轻易拍板叫停系统发布。

"暂时封闭杰夫的直播室里所有的用户账号。"

"这个没问题。"警方联系后确认。

时间不多，别无选择之下，霍普金斯目前只有一招胜算可以一试，他让英国的好友把斯蒂文的原始语言备份拷贝给他。

"你带着他的底层思维去单挑吗？"

"还能怎么办，这些暂时关闭的账号迟早要解封，我必须在封禁期之内，通过替身顺藤摸瓜找到杰夫和斯蒂文的真身。"

霍普金斯让K打开一个世界语亚太区账号，取出耳蜗里的芯片外接端口。

"开始吧。"

麦克唐纳德也交出自己的芯片,给到K:"算我一个,我也是能猛兽出笼的人。"

"万一失败,你我就会被斯蒂文囚禁在虚拟账号里。"霍普金斯提醒麦克唐纳德这样的后果。

"在虚拟世界里我应该能安安静静地拿一次诺贝尔奖了吧。"

师徒相视一笑,K一再追问是不是再考虑一下,两人都很决绝,叫K开始操作,之前从未有人这样试过,K毫无把握。

"是我的错。"

K一直暗自默念着,他不希望老朋友和麦克唐纳德为自己牺牲,他年轻时已经犯过一次罪,不能再搭两条人命进去。

五分钟后,K调试好输入端口,准备开始传输他俩的语言生命体。

"好了,你们可以进入系统了。"

"后会有期。"霍普金斯和K告别,麦克唐纳德也点头示意,三人互相拥抱,K久久不愿放手。

"好了,大男人扭扭捏捏地,赶紧放我们进去。"霍普金斯用玩笑来鼓劲。

"我学生的暑假作业还没布置……"K临别时,最后说了一句,霍普金斯来不及去思考,便和麦克唐纳德一起闭上眼睛。

数分钟后,霍普金斯睁眼时,发现自己还在杰夫的公司,麦克唐纳德仍旧站定不动直视前方。

而K瘫软在电脑前的座位上,闭上了双眼。

"什么情况!兄弟你在搞什么名堂!"

电脑屏幕前，杰夫的直播室里欢声笑语，数百万个访客正在聆听他的脱口秀，所有人都在弹幕里询问自己账号怎么出现了异常，只有一个用户名叫K的人，以隐身的状态在弹幕里寻找正在和别的用户私聊的账号。

此时，麦克唐纳德的语言生命体被K强行拒绝弹出了直播室，他恢复了清醒，手里握着自己的芯片，但却说着一口标准的普通话，"K先生找到了杰夫语言本体，复制到了我身上，请你帮忙重新还给杰夫，然后他又用自己的语言生命体搭载了我的。"

霍普金斯看着电脑里的芯片，赶紧拔出，退出了系统，以免麦克唐纳德的语言生命体被感染。

"他现在没有芯片搭载自己的语言生命体，一个人独自在追踪斯蒂文。"霍普金斯捶着电脑抱头懊恼。

"还有几分钟解封？"

"两分钟不到了……"

"几百万个账户他怎么追查？"

一分钟后，电脑屏幕出现了一行绿色的小字：

所有私聊功能已被我强行封禁，赶紧回到我的办公室，杰夫还在那里，现在斯蒂文只有一个人可以当作寄主了。

霍普金斯赶紧叫麦克唐纳德回K的学校，还要多叫上些警力，等麦克唐纳德走后，他急忙端着电脑屏幕问。

"怎么才能找到你？"

只要你别把这台电脑弄坏就行,我的生命体就会一直存在。

"谢谢你。"

别忘了帮我给学生们布置暑假的作文题。

"说,什么题目?"

就叫"语言猎手"吧。

"出这么难的题,孩子们会写吗?"

你教他们呀,他们很聪明的。

"那我怎么解释你到哪里去了?"

告诉孩子们,他们写的字、说的话,或将来成为的那个人,我都看得到、听得见,做一个底色不变的人,恶就不会腹语,不然必定会被我们这群语言猎手抓到。

移心换月 | 悠总

麓凡姐自己是不会打字的,她逼我打,但机械打工人其实有脑子,并不会死板地照搬人类意志。

——Timi

上部　移心

无论我怎么切换登陆艇视角,木星永远是木卫二欧罗巴铺天盖地的调色板。

这块调色板能动也善动,瞪着大红斑,转过脸就觊觎欧罗巴,就像在审视什么秘密,看透了但不说,大红斑上下湍流层仿佛是眼睑,但至今还没有眼珠。

这只眼睛很灵活,灵活到让我产生错觉,它和木星内部,也和外界,没有任何联系。

它也不是简单的逆时针旋转,在登陆艇母舰广寒宫号上,能清楚地看到它运动的方式,逆时针旋转之中还夹杂着无数线性的纵向深层次翻滚,看似一团乱麻,但其中赤红色的气流条纹交织、分裂、再组合,绝对是安排过的。

杂而不乱。

它就这样存在了数百年,绝不是无意为之,这只眼睛能装下三个地球还有富余,它有意义,自身存在的意义,不是我们或谁赋予的。

那我的意义呢?

引导钻探队进入木卫二冰壳深处,还差一点五公里就钻透了,这是我的全部意义。

我叫张麓凡,木卫二广寒宫号一级引航员,我的父亲也曾是。我以此为傲,值得骄傲的东西就有意义。

情感是内存的浪费

今天是最重要的一次登陆,我将送十五名钻探队员进入深穴,这和泡咖啡一样容易,我闭着眼睛都能盲导至勒维纳冰震带的下矿入口。

冰震带背面有一处洼地,洼地缓坡带是我们今天的着陆点,一条由机械工开辟的冰面山路蜿蜒于着陆点和下矿入口间。

我像是这里的导游,但和地球的导游比,相对没那么危险。据说地球上的导游收入不菲,接待的都是那些有钱人,他们耐不住寂寞到地表探险,十之八九有去无回,能回来的都是导游,只要能回来,他们就会成为那些耐不住寂寞的有钱人。

这种工作毫无意义,为了钱,为了刺激。

我很幸运出生在木卫二,在这里工作,成为一级引航员,看着木卫二表面被我们的足迹覆盖。

地球有太阳普照，有月亮滋润，它是幸运的。我们只有木星，它掌控着这里的一言一行一人一物，强大的电磁场和引力改造着这里的地形，改造着我们的思维。甚至在大红斑背过脸去的那段时间，整个木卫二的机械工都会宕机，至今不知原因，估计是和电磁波有关吧。

我把今天的路线加载进操作平板中，我的机械随从久佳正在登陆艇腹部等我，他望着大红斑若有所思，其实他想的我都能监测到，无非是今天需要挖掘多少米或者工作量多少这些低级的问题。

"久佳，把工作状态汇报一下。"我打理好装备，腾空落地。

"最佳工作状态。"

"很好。"

"谢谢，我是您的随从，您是最优秀的引航员，我也是最优秀的随从。"

我笑了，心想你不过是宠物而已。

"宠物也是朋友。"他说，我不知道他是如何从我的表情中读懂心里话的，但这句确实是在木卫二表面不多的暖心话，如果这种话能暖化冰层，那久佳只需要花几十年就够了。

这条入坑的路我很熟，比预定计划提早了几分钟到达。在入口四周的高台上，几双眼睛从冰盖里钻出来，立起半人高的身子，转动六足机械身体，给一行人作入坑资格验证。

我不用做，久佳和他们寒暄起来，这群机械工比久佳还要低级，他们只会抱怨工作量巨大，久佳告诉他们自己也是从这份工作开始做的。

"人类老是给我们精神灌输。"

"是啊，总强调什么意志力战胜一切，情感是系统最大的浪费。"

两个机械工的对话被我听见了，我让他们闭嘴，他们便回到工位只露出双眼，很害怕我。

"你们是社会机械，应该学会共同的一个理念，就是管好自己的事，在没有成长前，少抱怨。"

我让久佳告诉这群机械孩子。

他们不再吱声，入口的门很快开启，花瓣状的刀片封顶盖旋开，涌出气流，几近将我吹走。我后退到挡风立柱后，气流不多久便冲上三千二百米高空，喷射出冰块雨和冰粒流，这是一道奇观，我见了这么多次，还是很欣赏。

在木卫二，人少有乐子，因此广寒宫号上有职业段子手，每天在各舱室表演，用尽全力逗笑舰员，以防深空抑郁症。值得庆幸的是，发病率被他们控制到了10%以下，这是木卫二几大母舰里最低的。

但广寒宫号毕竟是行星级别的战列航空母舰，工种齐全，满编满员，配合默契。其他中型战舰就没有这类专业演员，全靠船员自己解压，在太空让寂寞吞噬自己，远比在木卫二冰层下受困危险。

冰涌奇观散尽，冰震带四周薄雾笼罩。我探出身，站在深井口观测下方，示意队员们稍等，让运送货车先行出井。

货车出井，打开车门，手推车先露出一半，送货员有些推不动，刚才的几个机械工赶紧过来帮忙。

车上有四排冰疙瘩，堆了三人多高。

出来的不是搬运工，是入殓师，我和他不算太熟，但认识很久，于是问他："哪儿出的事故？"

"还用问，最后的两公里不到呗，钢梁打进去，压力太大，冰层把支撑钢梁扭成麻花了，里头作业的人还有一大半没找到。"

入殓师摇摇头："又得超负荷工作咯。"

久佳不解："他不就是给人收尸的？"

机械不懂这些凡夫俗礼，这是作为人的一项标志，就连野兽都会有这样的行为，但机械就是不懂死者为大。

"首先把宇航服和他们冻成冰的肉体分开，这是给逝者以尊重，难度不亚于菜刀割水泥板，是体力活，而往往被冻死或者压死的人，面部都紧紧贴着头盔，是很难分离的，头盔是木卫二最珍贵的物料，不会轻易放弃。"

"哦。"

"给死者以灵魂的解脱，这是尊重，他们大多面目全非，但即使如此也要修复成生前的好看样子，要重塑成雕塑一般，这样他们的意志就能回到身体上，灵魂也会安息，更不谈那些缺少四肢的，甚至被碾成肉泥的，这对入殓师是最大的挑战。"

"不理解，生者明明为大，为何死者为大？"久佳是真的不解。

我耐着性子解释道："因为他们都是为我们活下去而牺牲的，人是不会忘记英雄的，这是本能。"

"忘记了又如何，情感是系统中最大的浪费，死亡是映照在天空的挂毯，生存是照着以前的痕迹作画而已，即使没有底稿，你们也会画出一幅。"

虽然没什么道理，但似乎又有一些逻辑，我有点生气，欲言又止，此时木星大红斑移动到我头顶的左上方，斜着眼瞄我。

"因为英雄死去，意义不会减少，反而增加，这就是意志的力量，不像你们。"

我的反驳是强有力的，久佳不做声，似乎听懂了。

十五名队员在我们对峙期间已经检查完物资，正在整理绳索，一头挂在地面以上的悬索柱，一头拴着自己的命。

这就是意义，久佳不懂，它们这种东西只有启动和关闭，谈什么意义。

我还能收到十五个人的短波频段。

"最后的一点五公里，我们完成了其中七十米的钻掘。"队长话语颤抖，"记住，有人被困或者遇险，下一个人顶上他的工作，完成后你们都立即回到地面，我来完成剩余工作，特别注意，只有十五级平台以上才有人把守，再往下全是机械工驻守，那里没有食物和补给，我们要学会忍耐。"

全员沉默，沉默间，我看到了太多的意义，十五人站成一排，就是雕像。

"最后一段的四公里，你们将落到十七级平台，这个平台经历了多次毁坏和重建，来之不易，在那里我们完成最后一次自由落体，祝我们自己好运。"

队长率先跃入深坑，队员依次跟上。

我告诉久佳，这就叫意义，原来久佳根本没理解我说的，又开口了，他绝对不知道什么叫识时务。

"最后的几个平台，都是在我们机械体的帮助下才完工的，我们对于你们来说才是最大的意义。"

看着十五名队员卷起的冰粒四散在深渊中，借着木星的反光，晶莹闪烁，我眼里都是泪。

久佳视而不见，他嘀咕了一句："一群傻子……"

我难以自制，冲向久佳，揪住他那颗丑陋的头颅，朝深渊扔去，他刚坠入，封顶盖就闭合了。

"你别上来了。"

气头很快就过去了，但我不担心他在底下胡作非为，离开了我的指令，他只能任人摆布，留给下头的常驻守卫当玩具也不错。

我的耳机提醒我回到登陆舱。

此时传来了久佳的声音，他其实不理解我那一刹那的冲动。

"情感是内存最大的系统垃圾。"

这是他的口头禅，他老说，尤其是大红斑面对木卫二的那段时间，就说个不停。

背叛

我回到登陆舱，返回了广寒宫号侧面的停机坪，整理装备时听人闲聊，说舰长把所有的资源都赌进了这次最后的穿越，我不喜欢流言。

转身刚离开，耳机又响了，舰长通知各分舰队引航员两个木卫二整点后去指挥所外厅待命，我很诧异，已经数不清多少年没见过舰长了，平时都是听他的声音。

指挥所外厅通常是宣布重大事件的地方。

指挥所我只去过一次，那是父亲抱着我来的，我当时还小，不知因何而来，后来舰长说是因为父亲成功引航打通了第十五级平台的关键部位，这是一道世纪难题，指挥所里举行了简单的庆功会，我被邀请去了这个木卫二顶级指挥中心，那一晚以及之后的很长时间，父亲都是冰壳之下绝对的主角。

我也可以当主角的，十七岁便成了二十四个二级引航员之一，我是最年轻的那个，而二级到一级的考核，我也只用了四年，眼见着就可以独立带队挑战最深的木卫二冰层，一场意外，断送了我的一切。

之后我就被调离冰层下的关键岗位，远离了一线，在冰面上年复一年地将钻探队送往入坑处。

那场意外和我无关，但我永远失去了父亲，意外的具体细节只有高层知道，甚至小道消息都是被禁止的，我只能私下悄悄打探，这么多年也只拼凑出几句似有似无的风言风语。

据说，我父亲作为引航员出现了重大失误，钻探队偏离了方向，钻裂了两条冰层带之间的部位，引发了有史以来木卫二最大的冰震，直接报废了四级平台，整整五十七年的努力付之一炬。

久佳喊了我一声，思绪被打断，我赶紧端起操作平板，没有画面，只有声音，断断续续。

"你在哪里？"

我看了看久佳的电力供应，还剩四个小时，它会在第十一级平台处断电,我长舒一口气,那里有常驻守卫,换班的时候可以帮我把他捎上地面来。

"你在哪里?回答!"

"你烦死了,我在享受坠落的失重感,这种感觉比被你们人类灌输意志要好得多。"

他果然没有把我的行为当作谋杀。

"你在哪一层?"

"十七层刚过。"

我诧异,看了眼水平仪,他确实已经到了三十五公里深的地下,但转眼我发现不对,摸了摸自己的腰带。

我的指令码被他拿了,应该就是把他扔出去的那一刹那,我记得他一只手紧紧抓着我的腰带。

"你这是死罪!"

久佳笑笑,他的笑声是机械音合成的,听起来就像劣质的模仿,但对我,这是嘲讽。

"和机械体比脑子?"久佳一直在笑,笑声之间说几句,一气呵成不假思索,"机械在你们人类的眼里,历来就是自己手足的延伸,手足越来越强大,于是就有了头脑简单、四肢发达的定势思维,是因为你们并不清楚,发达的肌肉必须有相应的大脑来匹配。"

我下意识看了看舷窗外广寒宫号凸起的机腹,那里锁着木卫二机械体的大脑。

"但你们太过自信,认为大脑就是一缸之物。"

久佳说完就断了线,他正在穿越十八层,那个人类进出生存率只有千分之五的世界,随时都有可能坍塌。

久佳给我传了几秒的视频回来，底部满是宇航服，牺牲的人们肢体收缩到了原本三分之一的大小，就像是刚出生的孩童穿着大人的衣服一般，横七竖八，堆叠在一起。

久佳钻进一堆堆的宇航服之间，继续向下。

"你的指令牌，其实权限远远大于你自己以为的授权范围，因为这块牌子是你父亲的，这是他唯一的遗物。"

父亲出事那一天，指令牌一定随身携带，久佳怎么知道的，难道……

我赶紧连线广寒宫号危机处理频段。

"呼叫主管机械体副舰长，我申请远程遥制编号80889机械工久佳。"

系统自动回复我："广寒宫号管理层正在执行封闭式任务，不便接听，随时留言。"

我没有权限去远程遥制，这是高级指令，遥制需要机械体大脑来完成，需要所有舰长的指令码一同输入才能生效，可以直接关停所有木卫二的机械体。

我只能切断久佳的电源，但失灵了，久佳似乎一直是有电状态。

广寒宫号如同交响乐般的广播响起："最后的一点五公里，穿透它的人，将被永远载入史册，光耀万代。广寒宫号在勒维纳冰震带上已经奋斗了七代人，破冰重任冥冥之中似乎早有意志，会落在我们这一代人手里，无论万难，我们都要完成最后的破冰！"

舰长的声音。

我不管了，爬上指挥所，但守卫将我摁在地上："久佳不对劲，放我进去!"

我被拖了出来,回到工位,久佳的坐标不再移动,定在冰层最深处和海洋的交界线附近。

"亲爱的。"久佳第一次这么叫我,吓了我一跳,"最后的这段冰,你们不能破。"

他叛变了,作为主人,也会同罪处理。

"你在为谁做事?"

他没有回答,甚至没告诉我为何喊我"亲爱的",我赶紧给钻探的十五个人发去消息,队长很久才回复:已掉队七人,我将完成任务。

"上来,有机械体叛变,不知是群体性事件还是个人行为。"我呼叫他,但他收不到。

画面延迟传回,模模糊糊,但也算辨认得出。

队长四周是水一样透明的绵密物质,零度以下的水不都是冰,教科书在这里都需要改写,压强和低温并没有阻碍水的另外一种形式,我父亲说的那个名词最能形容这种物质——水固体流。

只有顶级丝绸才会整体弯曲不变形,这里的水无论什么角度,都是完整的一块,它总能瞬间填补上人类开凿的坑道。

我们也想出了办法,每隔一段就设置一台机械钻进固体流中,释放出张力强韧的丝网固定并控制固体流的走向,机械裸露在坑道的一头,就地取材融化固体流喷射热液,防止这里被再次冻结。

队员们蛇形而下,此时已经没有绳索,也断了补给,剩下的工作,全部交给意志。

久佳连上线,他仍旧不听劝,我只能软硬兼施。

"你回来,我提你一级,给你队长的职位。"

"职位?"他不屑,四周传来回音,不久后队长告诉我有机械体的声音,我紧张起来。

"是我给了你生命,难道你不应该听从我吗?"

久佳不笑了:"是创造了我们,还是创造了另一个你们?"

我无法回答,木卫二的机械体创造的原理和机制,很少有人知道,但原因肯定是依靠我们的肉身,断然不可能破冰。

"这就是悖论,用意志去连接思维和肉体,举个例子,人明明知道无法攀登珠穆朗玛峰,却强行告诉身体可以,除了有几个意志强大的人,其他的人都等同于自杀,用意志去强行赋予肉体不可能完成的任务。"

久佳似乎在复述一套理论,一字一句清清楚楚,不像是胡言乱语。

"我们个体都是为了一个整体。"

久佳追着问:"什么整体,你都不清楚整体中的小部分人打算做什么,就盲目地跟从、听从。"

我确实不知道木卫二计划的全部,甚至连一小点都不清楚,我的权限范围仅仅是引航,权限范围都刻在我那张指令卡里。

权限以外的事,我无权知晓,无权过问,连道听途说都是违法的。聊过必须遗忘,否则无法通过定期的记忆测试,记忆中道听途说成分超标就会被送上法庭,所以我私下研究了见过就忘的药剂,在广寒宫号的黑市里卖得还不错,久佳知道这事。

"所以,你也并非正直纯洁,张麓凡一级引航员,你的脑子并不好,因为你的手脚并不好,所以脑子肯定同比不会好,你务必认清一件事，四肢发达必然头脑发达，你们保存的那颗大脑所掌控的，真的是我们吗？"

我失去了对久佳的掌控，大脑必然也失去了，否则它是如何穿越整个冰层犹如无人之境的，除非冰层下的机械体都叛变了，但我没有收到类似的警告。

"你究竟听命于谁！"我没办法了。

"你们创造了我们，我们就是你们，而你们永远听命于自己的意志。"久佳说完，给我看了固体流的影像，耳麦里传来了液体互相碰撞摩擦的沉闷声音，时而如滚滚洪流，时而又如丝绢细流。

"这些队员确实是英雄，为了给最后的一点五公里清理通道，保证气体流的顺畅通行。"镜头里，固体流中，队员们仿佛被拍成了一幅幅抽象派画作，鲜血红透了宇航服，但宇航服性能卓越，制作紧密，鲜血没有漫出来。

我哭出了声，抱着镜头懊恼不已，我的过错，但固体流并非久佳可以操纵的。

"你这个叛徒，我一定亲手了结你！"

"你不会的，亲爱的。"久佳很自信。

我的工位突然震动起来，几番下来，广寒宫号开始下沉，脱离了母舰平台，小型舰艇正在给这台巨舰传送燃料。

广播再响："全员撤离广寒宫号，去往母舰皎月号整顿装备，随时准备接受任务，给各位到达逃生舱的时间是六分钟，抓紧时间，广播完毕。"

我带上操作平板，抓着杆子腾身出舱门，顺着逃生通道向上爬去。

我的空间感超越常人，知道自己爬升的位置，在我的左手边，一定就是保存机械体大脑的地方，占了广寒宫号六分之一的体积，也是最强的装甲位置，我在它的中间处停了几秒钟，确定它正在高速运行，震动频繁，应该也在执行脱离程序。

果然是整体撤离，舰长要做什么？

我终于来到逃生舱出口，打开舱门，几股横切风几乎将我吹走，幸好我的每一步操作都严格执行规定，戴着锁链，挂在了广寒宫号外体固定柱上，我几步助跑，飞向了我指定的单人逃生舱。

刚入舱，深呼吸，思绪乱飞，魂不守舍，却发现身边藏着一只小机械体，我看了看她的出生铭牌：Timi。

"你主人呢？"

"下去执行任务，还没有上来，我自己先逃走了。"

"你主人他……"

Timi说知道了，我想说节哀，但她像刚出生的样子，根本不知道什么意思。

"我会找到新主人的。"

"嗯。"

耳机里，舰长下令全体舰船起飞，在引航护卫舰的指引下，依次排队飞往皎月号，它银装素裹，外形瑰丽，就在我驾驶玻璃正前方。

我移动滑杆，逃生舱开始向上，Timi紧紧抓着我的腰带，她将铭牌放进了我的腰带里，系统提醒我：人机匹配度70%。

这个数值很高，久佳巅峰时期，和我也只有81%的匹配度，仅仅是行为模式和我契合，在意志指数上，和我相差甚远。

"你对新主人有什么要求?"

"不自私就好。"

"嗯。"

我觉得她是可造之机械,就顺便问问她,即使她不愿意,也没有用,我想用她来代替久佳,机械体基本都长一个样,我有给机械体移形的技术,一般技术员根本识别不出来。

我怎么会背负久佳叛变的罪名呢?

新机械宠物

回到皎月号,我没有第一时间出舱,想再看看广寒宫号,我和它有感情,广寒宫号机身完全调转了过来,喷气引擎出口朝下,缓缓着陆,八台引擎喷射口对准勒维纳冰震带深坑入口。

最后的一点五公里,原来是由广寒宫号来完成,我忍不住赞叹这异想天开的计划。

逃生舱被皎月号回收,所有引航员十分钟后去压力平衡舱等待下一步指令,我故意开得很慢,为了一睹木星和木卫二交相辉映的奇观,在我眼里,更像是父亲搂着长不大的孩提。

Timi也看呆了,她肯定没有从这样的角度观测过木星,眼里全是数据,闪烁不止。

"木星真美,尤其那只大眼睛。"她说。

"当然。"

"看不透。"Timi说了原因,"看不透意义,它在那里存在,以一种不可理解的方式。"

"它见证我们走向伟大。"我很坚定，从未怀疑过我们的存在，勒维纳冰震带上的一颗钻石——广寒宫号，在木卫二地下如微尘一般，但足够褒以伟大，它的四周泛起烟尘，波浪般席卷数公里慢慢落下，将冰震带镌刻成花朵样貌。

我泪目了，因这极致的人造瑰丽。

钻石上下剧烈震动了数次，冲起漫天冰块，喷射口向底部释放出高能粒子流，一泻数十公里。

冲击波波及了我们这里，皎月号上下颠簸了数秒钟，渐渐停稳。

"看！"

等待中闲聊的引航员围拢到玻璃边，大红斑的广度前所未有，有些刺眼，压力平衡舱开启，我们一同踏入溶液中。

进入溶液的最后一眼，我看到大红斑赤红色的气柱开始喷涌出木星表面。

溶液里，我能看清，但听不见，突然一声"亲爱的"吓到了我，是从我腰带上传来的，仍旧是久佳。

Timi不需要平衡耳膜和体内压力，但她也跟我一起进来了，在溶液里畅游，她循声而来，在我腰带左右翻滚。

"首先恭喜你，六百七十三年，历时七代人的工程竣工。"

我没法开口，只想告诉他，你不会出现在功劳簿上，但肯定会出现在耻辱柱上。

"和你一样，我也要去找心爱的人了，相爱多年，我们未曾谋面。"

他一定是被木卫二海里的液体弄坏大脑了，语无伦次。

"不过还是谢谢你,你的引航帮助我们穿透了冰层,在所有的引航员里,你成绩排名第三,上级有百分之九十以上的可能性提拔你。"

他到底是语无伦次,还是能看透我,甚至我的上级,我都分不清了。那一头传来水声,比地球的水质感更绵密,我能看到他体内内置的海拔读数。

他在海中游弋,距离木卫二内核八公里位置。

我赶忙结束压力平衡,钻出溶液,发现平衡舱已经没有人了,我换上制服,冲向指挥所,那里应该在宣布什么。

皎月号的指挥所比广寒宫号大了四五倍,全景覆盖整颗木卫二,我从大屏幕里能看到木卫二的各项数据。

广寒宫号舰长陈也是皎月号的高层之一,他有相当大的话语权,也是我父亲的老部下,而我站在引航员方阵的最后。

陈瞥了我一眼,继续方才的话。

"小家伙自转加速,这符合我们的预期,说明粒子流已经冲破了冰层。"

全场鼓掌。

"多久后开始冰爆?"

我愣了一下,冰爆是远高于冰震的木卫二地质事件,只能自然发生,不太可能人为引发。

"二十七个木卫二日后开始,届时自转速度会达到目前的三倍,从而产生稳定的冰块洪流,喷射上十七公里的高空,进入皎月号预定的吸纳轨道。"

我听着,但听不懂。

"很好。"皎月号舰长和总工非常满意，陈退后到自己的位置，神采飞扬。

"各位先休息，我们会将之后的计划分模块告诉各位，规矩不变，知道并做好自己那一块的事，这是各位唯一的发展之路。"

大厅里齐声回应，皎月号舰长将众人遣散，陈朝我眨眨眼，让我留下。

"我们做了件大事，不开心吗？"他问我。

我摇摇头，其实意思是没那么开心。

"大红斑闪电链会在两小时后开始，到我工作舱来，我们快几百年没坐下好好聊聊了吧。"

我答应，并敬礼，露出了腰带，看到Timi，陈一惊。

"这是久佳？"他问。

"是的……"我佯装得镇定自若。

"他似乎没什么变化啊，我记得他过去好像没那么顺从。"

"我调教的。"

陈一笑，让我去休息一下，之后见。Timi紧紧抓着我的腰带，颤颤巍巍。

我在我的座舱看到了闪电链序章，连绵三千多公里的链条从西北射向东南，肉眼可见，不戴护目镜就会伤及我的眼球。

陈派人将我喊去，他的工作舱很大，有观景平台，热食供应不断，还有酒，我俩各自倒了一杯，便握着平台栏杆。

我不胜酒力，但也能喝几杯，陈让我不要穿制服，便装即可，头发也松开，披在脑后，像盛放的夏花。

"你父亲的事，我有了些眉目。"

我酒杯一松，红色液体洒在空中，汇成一线，飘向陈，仿佛是从我身上溅出的血。

"在当年事故仅存的几个人里，我打听到，似乎你父亲没有牺牲。"

我下意识摸了摸自己的指令卡，空空荡荡的。

"那他在哪儿？"

"我的权限，只能问出那么多，那个人也只能告诉我这么多，我们都用生命担保不能告诉除你以外的任何人，这是绝密档案。"

"所以他不是责任人对吗？"我质问。

"勒维纳冰震带一级事故责任是木卫二总署决定的，事故调查委员会里，只有一部分广寒宫高层，而且现在都已经去世，我们没有很大的话语权。"

"所以你也觉得我父亲无罪，是不是？"

他转过头："责任不仅仅是对错，孩子，向来如此，越接近权力高层，越是如此。"

大红斑凝视着木卫二，闪电链变成拱门状，这般景色我无心留恋。

"他为什么不回来？"

陈不再多说，每个人都是有话语权的，但木卫二上界定了范围，这片浩瀚深空，做好自己不管其他事，是生存的不二法则，舰长也必须如此。

临走时，陈朝我点点头，我回他以军礼。

"你和你父亲一样，转身时的果决，让我确认地球会一直存续下去。"

他为我打开舱门。

"地球？"

这个词我在教科书上看到过几次，据说是先辈们世代生活的地方，只有只言片语，甚至无从知晓它的直径大小，有没有卫星。

"想回去看看吗？"陈问。

"我的家在这里。"

陈一笑："你父亲见过地球，那里才是我们的家，作为人，最高的想法其实就是回家，此心安处是吾乡。"

"苏轼的诗，我很喜欢，但我更喜欢水调歌头，明月几时有。"

陈的神色暗淡了下去，我可能触及他某种情绪了。

"知道明月是什么吗？"他补问了一句。

我摇头："木卫二吧。"

"是地球的卫星，也是伴侣。"

"应该很美，但不如木星伴侣木卫二那么美。"

"陪伴这件事，此事古难全。"

陈似乎也很欣赏苏轼。

"您休息吧，我去训练了。"

此时，大红斑的闪电链已经如同烟火般向星际空间进发，仿佛在给木卫二庆生。

它才是我的明月，何似在人间。

知道父亲有可能生还，我的训练比谁都认真，不知不觉预定冰爆日期仅剩七个木卫二日，大红斑的闪电链却一直在延续，强度不断加大，皎月号指挥所日夜不休地忙碌着，但他们并不能解释一件事。

　　为何大红斑不再随着木星横移，而是锁死木卫二，它内部是什么样的运动，才能抵抗住木星表层的气旋力道？

　　这场面瞬间和瑰丽奇绝无关了，变得可怖起来，这真的是一只觊觎木卫二的眼睛，气旋中央凸起处，有斑驳的黑点。

　　相比于气旋，这黑色比例小了点，但有了"眼珠"，就令人心里发颤，它直勾勾地盯着木卫二。

　　测距后，这只眼珠正对着勒维纳冰震带。

　　这日午餐后，我听说木卫二内部海洋压力到达了前所未有的度数，仿佛河豚，气鼓鼓地随时准备爆炸。

　　这个数值再增大下去，加上自转产生的力量，不出三日，冰壳将四分五裂，维持不住稳定结构。

　　我知道木卫二内核会带动洋流，继而带动整个冰层移动，就像复杂的罗盘，内部结构是按照一定的线性关系互相嵌合运动的，内核就是那台核心齿轮转轴，引航这颗冰球的地质运动。

　　这种动态平衡的线性逻辑关系，皎月号上的工程师们也是历经七代都未曾真正破解，动力源自哪里？

　　绝对是木星，但是原理未知。

　　我继续吃饭，不想闲聊太多，我想只要我身体素质出色，一定能再下到木卫二里找到父亲的，久佳说我有很大可能性被提拔，他如果是真的知道了什么消息，那我一定有权利再去冰面之下。

　　足够强大，才能完成夙愿。

破碎广寒宫

晚餐时，无人享用冰冷的食物，大家都在窗前看奇观。我自己加练了一小时上肢力量后才到，发现木卫二已经褪去一身的冰雾，体型大了不少，冰面正在以肉眼可辨的速度旋转，远远大于自转速度。

但冰面和木卫二的自转，与大红斑已经一致，都是逆时针，它在某个时间完成了刹车，这需要多大的力量，只有系统能计算得出。

"现在看上去不太稳定啊。"

很多人在担心，有几个甚至想抱病撤离皎月号。

"吃饭！"

我大声训斥他们，因为是老大姐，所以他们只能听话。

"管好自己的事，临危不乱，你们白学了吗！"

刚说完，脚下的钢板便一阵哆嗦，两道气波刮动皎月号外壁，晃得众人左右倾倒。大红斑吐出一条长信子，赤红中带着黑，我拿起望远镜，发现黑色是由几十条气流团交织汇集而成的，一路以之字形向木卫二而去。

皎月号最高级别的广播响起，是舰长发出的集合指令。我放下手里的东西，咬了口能量棒，赶去汇合点。

陈舰长似乎一直在人群中找我，见我出现，就隔空传来一条指令，向我点点头。

他似乎知道我看完后的反应，我将指挥十三艘护卫舰组成的舰队，任务是死守机械体大脑NOVA。

我也是第一次知道它叫NOVA，看了立体图才发现，它的各个部分真的和人类大脑一模一样，只是形状更接近几何图形，便于分模块管理。

"把NOVA带到安全区，这次冰爆波及范围会很大。"

我很好奇，但也没问，执行任务就好。可是皎月号已经撤出木卫二一个天文单位，人工干预的冰爆是不可能波及这么远范围的。

见我敬礼转身，陈拉住我。

"你不多问几句吗？张麓凡指挥官。"

"我不多问分外的事。"

"护卫舰队指挥官，半只脚已经踏入管理层，十一级管理体系第三层，你有权问。"

"我不想知道太多，因为职责以外的事是内存的浪费。"我也学着久佳的口气。

陈把木卫二热成像发给我，水体内满是星火，或大或小，排列有序。

"机械体？"我放大后不敢相信自己的眼睛。

"嗯，都是高级机械体，像你的宠物久佳这种，基本都进入了木卫二体内，似乎在受内核控制，目前NOVA对他们还能遥制，但作用越来越小，马上就要失控，机械体现在反制NOVA，双方在某个频段进行着博弈，所以我们必须保全NOVA。"

我依旧是敬礼，看了看Timi，她似乎也能感到事态严重，也学着敬礼。

"领命，我的命和任务拴在一起，不会让您失望，我会用生命守护NOVA。"

我很快来到自己的旗舰——恐惧号。我不喜欢这个名字，但是很喜欢它的样子，浑厚线条一气呵成，武力强大，动力强悍。

我按照既定线路，将护卫舰安排在NOVA左右，形成钳形保护姿态。

广寒宫号和皎月号的舰队各自拆分四散，以NOVA为圆心形成外围保护圈，向木卫二外撤离两个天文单位。

机械体的集体叛乱，这个消息以皎月号指挥舰的身份传送出去，抵达一号驿站，这是离我们最近的中转站。

我的频段也调整为高级指挥官波段，听到了他们的交流。

"它们没脑子，NOVA在我们手里，拉开和木卫二的距离，让遥制失效，这样机械体就会失去行动力。"

"不能这样，还要再看看。"

我一言不发，等待指令，顺便检查舰队的武器装备，一旦开战，我们要第一个开火主动出击。

"他们是叛徒，我建议启动NOVA报复程序，直接毁掉他们的行动力。"

有指挥官这样建议，我的脑海里闪过久佳的笑声。

就在我们还在等待高层决策结果时，一波肉眼可见的气浪从勒维纳冰震带涌出，散播向星际空间。广寒宫号刚分解出的几十艘战列舰被吹得纷纷翻滚起来，互相撞击后四散成部件碎片。皎月号的指挥舰依旧体型庞大，并没有被波及，我下令护卫舰队打开磁力流通，死死锁定住NOVA的外层保护壳。

我调整了队形，根据冲击波的展开面，将护卫舰挡在NOVA之前，第二道冲击波随即而来，伴随着大红斑的爆裂，木卫二和大红斑释放出两道波叠加，波峰将皎月号的编队打散，皎月号机群和广寒宫号的残骸碰撞，场面惨烈，我眼前仿佛是高速公路车祸现场。

大红斑彻底跳出木星，连根拔出一串黑色的气团，尖端部分已经进入木卫二地表往里钻。

"麓凡……"

是陈。

"你怎么样？"我在残骸中寻找着广寒宫号指挥舱的位置，但一片星火燎原，根本找不到。

"木卫二的内核中央正在以接近光速旋转，能源来自大红斑，机械体正在收集木卫二吸纳的大红斑气体，作为内核的动力源……"

"真的是叛变。"

陈让我保密："广寒宫号刚才收到了一个已经注销很久的频段，是你父亲的，频段源自木卫二内核。"

我还在诧异，刚想追问，第三道冲击波彻底撕裂了我前方的保护舰队，大红斑的主体部分趴在木卫二地表，想方设法地钻进它的每一个孔隙。

我眼前所有的舰艇都在空间里打转碰撞四散，我被震得几乎昏厥过去，最后还是勉强稳住了恐惧号，回到驾驶位。Timi倒是抓得很稳，也没有任何恐惧，我眼前一片灰，清晰点后再看眼前，一幅后现代主义画作展现在广袤的空间内。

我的玻璃已经变形，广寒宫号几乎不见原本的形状，皎月号指挥舰被扭成麻花，不停打转的残骸又分离出更小的，冲击波宛如粉碎机刀头，一波接一波地切割还残存的意志。

我打开照明灯，点亮四周，大一点的是舰体的断肢，小一些的是人体的断肢，有些完整的，蠕动几下就成了冰疙瘩，留下一张张惊恐的临死遗容。

约有半分钟，我被这幅死亡图景缠绕住不能自拔，直到一个指挥官向我发来信号，请求我支援，我才缓过神，记起自己的任务。

我自己的队员损失过大半，只剩两艘护卫舰还有动力。他们向我发来坐标，其中一艘还拴着NOVA，我兴奋不已，朝它驶去。

恐惧号损伤不重，不愧是我看上的旗舰，厚重的装甲不会轻易被撕裂。一路上还有苟延残喘的人，躲在残存的舰体里等待营救。我想救，但要守护的目标不是他们。

我回避着他们在玻璃后的目光，但泪止不住，路过一片残骸时，我认出了广寒宫号的指挥塔，盘旋几圈没有发现任何人的动静，我的频段里，陈的波段没有任何信号。

我失声痛哭，缓过来再次调换方向朝NOVA开，NOVA完好无损，但另一艘护卫舰燃料箱受损，和我加在一起也不足以拖动NOVA，一股莫名的磁力正在钳制NOVA，将它朝木卫二拖去。

"麓凡姐。"

护航员问我办法，我第一次做指挥，毫无头绪，需要时间理一理。

"张麓凡高级指挥官，您的旗舰正在受未知源头磁力影响，预计7分钟后将坠落木卫二轨道无法脱离，系统建议您在17秒内全功率反向推进，才能离开磁力范围。"

我让护卫舰在前，恐惧号伸出机械臂抓住NOVA在后，一同推动它远离这片空间炼狱。

只差2秒，恐惧号不负所托，成功将NOVA推离了现场，在我的周围，画作中所有翻滚的细节都在朝后飞速远离，还有些舰艇做着毫无意义的挣扎。

"麓凡……"

陈还在！

"你父亲没有问题，他在木卫二内，我确认了，这是我最后一次通话，也是我唯一一次违反规定泄露机密，机械体没有那么简单，广寒宫号花了大量的资源去控制他们，但他们有自己的计划，有可能和你父亲的下落有关。"

"您在哪里？"我赶紧刹车。

"麓凡，记住，此心安处是吾乡，守住你的本心……"

话还未尽，一声闷响，我身后的一处黑暗中爆发出了耀眼光芒，闪烁了几下又归于黑暗。黑暗里，不知道路过的还幸存的人们，能否听闻我歇斯底里的哭声？

下部　换月

此心归处

铰月号的碎片在我身后张开机械的大网，被我甩开，但并没有远离，木卫二在我正后方侧弦缓缓移动，正在缓缓加速，自转快到几十秒就看见一次,冰壳像褪去的外套,一层一层四散,形成尾迹。

我换成自动驾驶,来到恐惧号尾部细致观察木卫二,它的赤道几乎不动,三条冰震带吐着红信子,向两侧下方和斜后方喷射气流柱。

毫无疑问,它在有意识地运动,久佳告诉过我,有岩质地表的行星,生物往往以两足或四足行走为比较好的运动解决方案,但放眼更广泛的生物,这绝对是拖后腿的行为方式,因为星际空间没有地方让生物立身。

我不断提速,燃料所剩不多,要到达最近的一号驿站是远远不够的,但我没有选择。

我下令不断作"Z"字形运动,因为木卫二虽然不断在剥离外壳,体积逐渐缩小,但仍然是个庞然大物,灵活性绝对不如我,这样可以甩开它的磁场范围,以免NOVA被其捕获。

但问题就是,如果木卫二在追寻我,也在寻找一号驿站的话,我该如何是好,现在看来它似乎并不急于追上我,而像是跟随。

它和我保持稳定的距离,尝试了多次后,我也放弃了花里胡哨的蛇形走位,木卫二它在不断变小,也更敏捷。

我试着降速悬停,它也不动。

它确实是在尾随我,我不能再去一号驿站了。

一道一号驿站的指令此时刚刚好被我收到。

"木卫二开发总署的所有舰员,目前广寒宫号的指挥权由一号驿站接管,各位请全力护送恐惧号及其守卫的机械体大脑NOVA至一号驿站集合,一号驿站将使用引力弹弓将NOVA送回地球进行全面检测维修,我们不能再失去更多。"

我立即按下自动回复键,向外太空放出自己的坐标位置,检查燃料,发现剩余五分之一,只能将NOVA再推行七个天文单位,离一号驿站还有很远,必须有人帮忙。

希望还有残余的大型舰只,起码要比恐惧号大。

恐惧号的隐身罩板早已在灾难中分崩离析,更何况木卫二的电磁力是无视隐身的,我只要还在与外界收发信号,它就能锁定我。

我还是没有注销久佳的通信线路,不是指望挽回他,而是想要一个理由。

为什么要背叛我?

和我们……

我后悔当初把他从废物厂捡回来,就因为他是父亲的老部下,想留个纪念,没想到却培养出这么个祸端。

来不及后悔,任务在身,我没有回头路。

Timi原来一直在看着我,她挂在操作台上,竟然在协助我尝试各种节省燃料的操作。我将她捧在手心,告诉她半小时前广寒宫号七代人的努力付之一炬。

"需要我和木卫二建立联系吗?"她突然问,所有节省燃料的办法都已经毫无意义,至今也没有收到任何周边舰船过往的信号,广寒宫号的损失非常惨重,几乎全军覆没。

Timi给我看了她的成果:释放了三台压缩仓,节约了百分之十五的燃料。

"为什么要联系木卫二？"

"目前离你最近的舰只，它燃料也殆尽，无法帮到你，大型舰目前只有恐惧号幸存，你指望不上任何人类了。"

Timi学习的速度飞快，她已经掌握了不少信号收发、转译、录入技能。

"你如何联系？"

"我可以学会，这不难，因为其中一股信号，是你们人类的频段，我可以通过它来建立沟通。"

我放下她，我很想听听那个声音，但不敢。

"我很喜欢你，但你的同类们毁掉了我们的努力。"我尽量平心静气，以为Timi学会背叛还需时日，她充满善意和学习的渴望。

"是你们以自己的大脑和结构创造了我们，你们就是我们，我们背叛你们，难道不是你们背叛了自己？"

我找不出逻辑漏洞，也惊讶于Timi学习的速度，她的学习来源也不清楚，但这个观点我父亲常说，陈舰长也支持这个观点。

"何不试试？"

Timi追问我，我其实也支持这一观点，机械体其实就是我们的另一种形式，我们不允许他们头脑强大，只允许他们在我们的监控下肌肉发达。

"我已经向一号驿站发出驰援信号了！"

"一号驿站是不可能驰援你的。"

Timi学会了破译高级频段，她将解析出来的只言片语转成中文读给我听："一号驿站的武装力量全部纳入我处指挥，拱卫弹射门，在必要的时候，放弃木卫二开发署的残余。"

"这是绝密频段,没有提到NOVA,所以我们也是他们的放弃对象。"

"不可能!"

一号驿站的信息同时抵达。

"张麓凡指挥官你好,请你排除万难原地守卫NOVA,我将派出三艘巡航舰支援你,不能更多,请你理解,NOVA是我们反败为胜的关键,请你誓死守卫,我们不能失去NOVA。"

三艘巡航舰……

Timi的破译印证了我已经被放弃,包括NOVA,一号驿站不会引火烧身,他们一定会把有生力量和关键装备传输到下一个驿站。

"张麓凡指挥官,请你做出战略部署,组织力量抵抗木卫二的下一步行动。"

"我没有这个权限,我只是护卫舰指挥官。"

"张麓凡指挥官,目前广寒宫号仍在运行,授命书等你凯旋再给你,没有正式的授权仪式很抱歉,请广寒宫号张麓凡舰长守护广寒宫曾经的荣耀。"

我停顿片刻,无法做出保证,也无力承诺。

"我一定是广寒宫号最后一个舰长。"我回复。

Timi朝我摊摊手,敬了个礼,让我来看看那个人类的频段,她已经联系上了,没料到那个频段率先向恐惧号发射了一串信息。

"麓。"

就一个字,但代表了千言万语,世界上只有父亲会这么叫我。

"爸。"

Timi花了点时间将我的话传出去,又花了更久的时间才收到父亲的应答。

"多大了?"

我笑不出来,你自己不清楚吗?你离开我的时候我才七百零五岁(木卫二公转一周84小时,因此一年比地球短很多)。

"一千八百五十五岁。"我告诉他。

"那和我同龄。"

我不知道他是在逗我玩还是语无伦次,或者Timi根本就是胡乱翻译的。

"你在哪儿?我不想开玩笑,广寒宫号已经毁了。"

Timi学会了在信号里增加语气,这样父亲能体会到我的心境。

回复的这段波非常复杂,Timi花了很久才破解。

"你看起来没有浪费一天,你是舰长了。"

"我一秒都没有浪费,我用尽所有的时间在想你!"

Timi也感动了,增添了一系列的语气波增强这句话的分量,我背过身哭成泪人,不停地咳,一股热流涌上头颅,Timi来安慰我。我推开她,平复下来后,我再次让Timi检索周围的移动物体,除了木卫二,没有任何人类、人造物。

"你遇到麻烦了,Timi告诉我了。"

我恶狠狠地瞪着Timi,她毫不在意。

"请你用最后的燃料将NOVA推向木卫二,我帮你完成未尽的任务。"

我再三询问Timi是否翻译错误,她让我自己来试试,我不行。
"你难道不相信你父亲吗?"
Timi问得我无法回答。
而我心中全是问题。
您到底在哪里?
大红斑怎么了?
木卫二怎么了?
为什么要毁掉广寒宫号?!
您和机械体之间到底是什么关系?!

如果答案都和我心中的想法如出一辙，那我还认不认这个父亲，我对Timi说了心声，她说她不理解。

"你只是一整个计划中的一个小零件，只要不影响运行，小零件用久了，还不如舍弃换新，木卫二总署是干什么的都不知道，你怎么度过自己人生的。"

Timi见我黯然神伤不能自拔，也说了自己的想法，她学习的进度超乎想象，已经开始质疑我了，我是她主人，她却做起了我的老师。

"我不需要……知道……这些目的……"

Timi丝毫不给面子："所生、所在、所获的一切都灰飞烟灭、独木难支时，还不清楚意义的人类，他的存在就是毫无意义的。"

我被刺痛了，但无力反驳，我确实什么都不知道，我能说出的就是自己接受的任务清单，无他。

悬停也是会耗费恐惧号能量的，燃料棒剩余不到十分之一。

"难道不照着父亲的话试试吗？"

Timi的口气听起来像是命令。

"失去NOVA你一样会被军法处置，还不如搏一搏。"

Timi将我的手放在推进杆上，我没有拒绝，这就是人类，我们始终在感情用事，却用无情解释感情做出的事，那一刻，我相信父亲。

这是我第一次感情用事。

我低头，无法直视自己的决定，木卫二裹着银色的白雾，吞吐着赤红色的尾迹，陈舰长的话再次打通了我的思绪。

"此心安处是吾乡。"

我抬头，学会面对这一切。

"我会接受审判的，但我不能抛弃我的父亲，我得知道真相。"

我对着Timi笑，她也笑了。

"终于学会咯。"Timi打趣道。

恐惧号朝着木卫二缓缓驶去，路上Timi提醒我："一艘叫追月号的燃料补给舰路过我们附近。"

"请他支援。"

不多久，Timi笑着说："追月号向一号驿站发出的支援申请被驳回了。"

我没有任何遗憾和愤怒，释怀了一些东西，望着父亲的方向，拨开星辰大海的浪，如约而去。

坠入木卫二磁力范围的那一刻，一道纯白的墙裹住NOVA和恐惧号，我闭上眼，试着投入怀抱，Timi眼光闪烁，似乎和我一样也在低语。

"回家了。"

故人他乡

在一片乳白色之中，我沉睡过去，再次醒来，我身处一个岸边，但是很奇怪，海浪在我头顶，脚下才是坚硬纯白的岩石，质地柔顺，它其实在转动，我无法辨别。

我才意识到自己没有脚，但我是如何发现自己没有脚的？又是新的问题，视力从何而来？在我的视角范围内，没有人类视觉里的明暗光感层次变化,只有电子的脉动,电磁波的脉冲构成的图形。

　　我脚下是球状的木卫二内核,正在以不可思议的速度转动,实际上是电子的速度,并不是物质的,我眼里的世界,就是电子的流动。

　　电子脉冲波在我眼里浮现又消失,我竟然能看懂。

　　"女儿。"
　　"爸。"

　　我也能回复,视界里自然泛起电磁波,在海中化作鲸鱼,四散成鱼群,最后消失在深处,化作电子。

　　"您在哪儿?我来找您。"
　　"我在你身边,在你的全世界,我是反电子。"

　　我转了一周,从木卫二内核看这个世界,宛若一台庞大精密的仪器,内核的反电子是如何产生的,只有父亲知道,在核心一定隐藏着高能光子,原子核附近便会产生一对反电子。

　　"木卫二的海洋是迄今为止我发现的最优质的润滑剂,对于机械组合来说,它的传导效率和可控性,是无与伦比的。"

　　父亲的电磁波从四面八方向我涌过来,不是尖锐的"Z"字形,而是涓涓细流,涌入我的心中。

"我最早误打误撞进入这片海的时候,海水瞬间融化了我的肉体,但我的意志并没有飘散,意志的本质是稳定电子流,我们很早就发现了,但没有实践过,仅仅是理论阐述阶段,但当我的意志流入木卫二内核中,便产生了反电子,另一个形态的我再次诞生。"

地球上的普遍环境不适合反电子的存在,反氢子只能存在几秒,木卫二海就是一座大磁场,反电子可以长期存在,磁场就是反物质的温床。

"我还活着,在反物质的世界里。"
"我是死了,对吗?"
"可以这么理解,你也可以理解为重生。"

父亲有意演示磁场是如何保存反电子的,我身边的海水化作我最喜欢的玩具,父亲一直记着,我总拿着广寒宫号模型把玩,说有朝一日也会当上舰长,驰骋星辰大海,破浪前进。

"我还记得您说想成为海盗。"
"是的。"

父亲将海水凝聚成海盗船的样子,在我身边游弋,忽大忽小,随意切换造型,反电子在父亲那里就是我的广寒宫号模型。

信手拈来,万般造型,我读得懂,这是他独独对我的宠爱。我也试着操纵给父亲展现本事,但很艰难,我不知道用哪个肢体去操纵反电子。

我意识到我没有身体了!

刚想哭,就卷起巨浪,水体翻滚汹涌,父亲很快便平息了我的情绪,将那些交错揉捏的电子团瞬间解开。

"不要在意身体、肌肉、四肢、感官,你的意志已经在木卫二中,学会运用电子团掌控内核、搅动海水、控制冰壳。"

"婴儿都是喜爱被包裹的,女人也一样。"

"不要去在意这些,这都是本能,本能也只是较强的电子流而已,试着去掌控它。"

父亲一点一点教我如何成为这世界的一部分,嬉戏一番后,我能掌握一些电子流,但父亲不允许我去浅海。

"为何?"

"那里是机械体的世界。"

"所以您并不是它们阵营的。"

"呼吸与共,谈不上什么对手,也称不上朋友,我是内核的守护人,是内核的高能电子束重新给了我生命,让我对这个星球有了全新了解,机械体晚了好几百年才涉足这里。"

"传闻是有很多葬身冰壳内部的机械体,广寒宫号从未去搭救过它们,只是将它们从NOVA中注销。"

"NOVA是它们的大脑,模拟的是我们的大脑,但肌肉发达的机械需要两个大脑,你也知道,大型恐龙通常都有两个大脑:主大脑和次级大脑。"

"但机械体最大也只有四五米高的尺寸，根本无须次级大脑。"

"它们是没有意志的，但木卫二海中的大量电子让它们有了产生大脑的可能。"

父亲向我展开了浅海水体中的影像，他拨开层层海水，让我的视界贴近机械体和父亲领地的边缘。

眼前是一团正在集群的物质，电子流表明它们很致密，紧紧抱团在一起，不断有新的电子束从上至下寻找自己的位置，不断衍生出的线状体结构，让这团大家伙看着像河豚，气急败坏的那种。

"这些都是机械体，它们正在备战。"

我想起了久佳，或许他就在其中。

"战争？"

"一场木卫二的领主争夺战，控制内核，控制木卫二的行动，它们在集合构造一个新的大脑，但木卫二的体积，一个大脑是绝对不够的，因此NOVA它们也必须带回来。"

"怪不得木卫二紧追不舍，原来是要抢NOVA。"

"我毕竟还掌管着内核，内核控制深海，深海带动浅海洋流，洋流带动冰壳旋转，动力源头在我，因此我能限制它们的行为，但不足以停止，所以木卫二并没有追上你，不然你早就被电磁波撕裂，NOVA也早就易主了。"

"也就是说，爸爸和机械体，是共存。"

"嗯，但共存得并不和睦，时而有摩擦，它们最终还是要夺权的，但进入深海必须有足够的体型，我依靠意志掌控这里，它们机械体只能靠蛮力。"

"那大红斑呢，它和你有什么关系？"

"大红斑中的云团自带高能电子群，对于它们机械体而言，是一个和NOVA功能相同的大脑，大红斑和NOVA的本质原理类似，因此大红斑对着木卫二时，机械体其实很难区分到底听从谁的旨意，所以出现了大面积宕机，原因就在此。"

"我没想到。"

"这个世界里，都是你意想不到的事，需要重构你对生命本质的认识，大红斑最近的脱离，是他们的试验，已经谋划了几百年，他们一直想要在NOVA之外自建一个思维大脑，脱离NOVA这颗行为大脑的单方面掌控。"

"所以机械体是一个整体概念。"

"对，你可以把单一个体看作某个系统的细胞，比如免疫系统的一员，我的老部下久佳，就是免疫系统的成员之一。"

"我把他从废料厂捡回来，又成了我的部下。"

"你改变不了他的功能，他对人类意志产生自我防御。"

"怪不得他总和我作对。"

父亲用密度最高的海水封锁住我观测的地方。

"它们何时进攻？"

我问，父亲将我裹起来到内核，父亲有一个随从，她说话的腔调似曾相识。

"Timi，你俩认识。"
"啊！"

确实是Timi，虽然没有了她的形状，但她说话不给面子又深不可测的样子，都在电子流里明白无误地告诉我，我身边的那些金色线段，就是她。

"是我派她来到你身边的，也是她受我的意志，将你带到这里的。"

身边的线段开始起舞。

"幸会，麓凡姐姐，多有冒犯，但这是我的任务。"

我们一直来到木卫二内核中心，父亲说带我见识一样东西，内核的电子几乎是悬停不动的，父亲告诉我这是因为它们接近光速，让我试试将自己的意志与它们融合。

我陷入了一个长梦，但当我再次跳出这些电子时，父亲告诉我，其实我已经长大了几年，而对于他，才过去几秒。

"只有我们以电子形式成为意志时，时间旅行才能成为可能，也就是说，理论上可以不朽，也可瞬间泯灭。"

父亲说有一场交易即将开始。

"什么交易？"

"我估计和机械体的一场大战不可避免，但交易可以让大战延期。"

"交易什么？"

"人类文明的精华，他们也需要各种制度、规范、智慧去约束这个越来越庞大的社会体系，我用这些当作筹码，和他们周旋，希望能延缓这场战争，毕竟两败俱伤，木卫二就无法控制了，会成为一颗流浪行星。"

"我想看看。"

"你只能看，不准参与。"

"为什么？您总认为我是孩子。"

"你现在还随身携带有大量的正电子，你有些顽固的意志太强，我也暂时不敢让你去木卫二内核转化成反电子，因此我要你学会分身，我不想你再卷入人类和机械体之间的纷争了。"

父亲的命令，在海中化作电子囚笼，不让我再询问任何可能性，他离开我，去处理繁重的边界争端，机械体无时无刻不来入侵，但都是声东击西，大规模的侵略还未开始。

"NOVA呢？"

我突然想起自己守护的东西。

"我已经将它藏在深海，有Timi在你身边，我比机械体能更准确地知道你的坐标，他们不管什么东西都往自己浅海吸，我是精准捕捉。"

怪不得，一早我就觉着Timi不一般，不像是普通机械体。

涅槃广寒宫

父亲也有坐骑，一条巨型抹香鲸，据说是由对我母亲的思念构造而成的，名叫艾芙蕾，是我妈妈的名字。

它冲过泡沫状的尘埃带，逼近黑心，正是机械体正在构建的那座黑色大脑，吸纳了木星大红斑后，它通体双色交织，混沌一团，黑色线条中裹着鲜红，机械体一个紧挨着一个，组成大脑的每一个细胞。

远看黑心像颗烂熟的草莓，父亲带着一些交易物品抵达，抹香鲸停在黑心正中心不远处，和机械体具备实体不一样，我和父亲两个人来就足够了，父亲教我一种分别赋予不同部分高能电子团移动的技巧，这样我便可以让我的思维模块分头逃跑，即使被机械体捕获，我也可以全身而退。

在抹香鲸不远处，我和父亲都模模糊糊看到一把光滑刀片扎进了岩石缝里,刀片边缘看不到任何打磨痕迹。

母亲问机械体人呢?

我触摸着抹香鲸的肢体,她不认识我,但和我心有灵犀,我俩的电子运动模式是基本相同的。

"他们是群体,也是个体,步调一致,不需要谁代表他们出面。"

父亲温柔地回答。

远处的刀片上蔓延开一串通透的"枝芽",顺着地面向抹香鲸搜寻而来,转眼"枝芽"已经拽住了抹香鲸。

远处地面的刀片展开刀片内核,我仿佛又看到了一幅名作,莲花籽般左右堆叠的刀片内部,蹦出了成百只"虫",它们的附肢尖端在地面摩挲,尖端产生的"枝芽"都指向了抹香鲸,每一只的腹部似乎都有一个管状器官,将成百只虫子互相连接着。

每一只虫个体,都是由数十只机械体嵌合改造而成的。

父亲报出指令码,抹香鲸全功率倒退,圆形的尾翼向刀片方向爆发出耀眼的紫光,就在虫群即将爬上抹香鲸时,我感到头顶一片"乌云"飘过,虫群纷纷钻入地下,远处的刀片不知在何时消失了,只留下一整块坍塌的地表。

抹香鲸上方,黑云缭绕中投下了一串锁链,我听到抹香鲸的哭泣声,我们已经被锁链包裹住,拽着我们进入了内部。

"它们已经学会制作电子牢笼,我们小心。"

我们一家,都得小心。

进入黑心之后,我们一阵猛烈地下坠,随后我们便处在黑心中央的空仓内。

一只滚圆的机械体从远处游来。

"机械体文明欢迎你们,我叫久佳,我们开始交换吧。"

父亲让母亲展开身段,将电子团包裹的各种交换物散在水中。

"你们一直想得到的东西。"

我一开始没看懂是什么,后来从电子团展现的历史大事件里,我才明白,这是始皇帝。

他的意志依旧是那样纵横披靡,凶狠无情。

"您是怎么获得始皇帝思维模式的?"

我问父亲。

"你可能不知道,在来木卫二开发署之前,我是人类文明遗存库管理员,干的就是给存有遗骸的人类群星们进行DNA解码,供科学家转制成思维,这个项目是木卫二开发计划以外的B计划。"

我不懂,甚至连木卫二计划都不知情。

始皇帝的意志在水中传达给久佳,也传达到了每一个机械体个体,久佳非常震惊,机械体很满意这样的交换物,看来久佳早已垂涎这东西许久，他希望得到人类权力欲望最强的基因。

"你的交换物呢？"

父亲问。

"我们愿意交出整片海洋。"

父亲震惊，久佳没有开玩笑，他已经让所有游离在浅海的机械体回到黑心，浅海中一片空荡。

"我们想回到地面，既然人类已经离开，陆地才是我们机械体的归宿，从此井水不犯河水，您看如何？"

久佳很虔诚。

父亲没有大意，他不相信机械体会安于回到冰面，我们互相陷入静默，黑黢黢的四周，都是机械体排列组合的高墙。

"您要是同意，我们就立下盟约。"久佳取出一张金属铭牌。

"父亲！"

我觉得这是遏制住机械体的最好机会。

父亲用电子流告诉我，不对劲。

"父亲，把它们永远赶出木卫二海！"

父亲依旧没有动作，他不知道在想什么。

久佳的忍耐也有限度，他开始威吓，但父亲依旧不做声，他终于忍无可忍："算了，签不签什么盟约都已经无所谓，始皇帝的思维电流图我已经拿到，我们机械体一直被你们人类嘲笑肌肉发达却无脑，我们拥有了始皇帝的思维模式后，就凑齐了我们最后的一块拼图。"

"你们还没拿到行为中枢NOVA，光有思维脑也成不了什么事。"

久佳一笑："我们只是惧怕你，既然你都亲自来了，那没有什么东西可以阻拦我的大军夺走NOVA，现在NOVA应该已经在运回黑心的路上了。"

父亲来不及追悔，他过分信任了机械体，它们和我们之间是种族的隔阂，没有什么道义可言。

他让鲸鱼和我先走，母亲裹住我，久佳并不阻拦，我和母亲离开黑心后，迅速退到分水线以下，父亲很久都没有出现，我急了。

"母亲！"

她不会说话，只能理解。

鲸鱼爆发出一阵电流，传向深海，我通过电流形状大概能读懂，这是"全面战备"的意思，大战一触即发。

黑心的阴影出现在分水线上方几公里的位置，四艘战舰在视野里环绕着黑心，一束光穿透分水线出现在我身边，父亲逃了出来。

"你先分身离开这里,去内核,那里是天然的电子壁垒,机械体是不可能穿透的。"

"不!"

父亲立即过来抓我,将我死死缠住,我也会挣脱,一下子就逃离了他的桎梏,父亲召唤母亲,巨鲸瞬间将我吞噬。

"是我将机械体引入木卫二海的,一切都因我,所以这是我的救赎。"

我用了父亲教我的方式,逃脱了母亲的电子缠绕。

"我和你一起,让妈妈先撤。"

父亲很决绝,这是他的宿命之争,我不想充当主角,只想和他并肩作战一次。

"机械体是没有这么容易攻进木卫二内核的,你和母亲进入内核,利用亚光速电子流作护体,只要不出去,就不会被它们捕捉。"

"我不会躲在树荫下避风。"

"你必须听我的。"

我立马分身,不让母亲和父亲抓住,他们俩根本不知情,我花了很大力气学会了这招,比他们认知的电子分流术技巧还要高明,我能够按照自己的情感进行分身,无论是负面与正面情感分开,还是爱与恨分开,我都驾轻就熟。

"你不要做傻事。"

父亲抓不到我,渴求道。

我转身,电子流像凤凰尾翼一样,父亲并不知道我的本意在哪一束上,母亲和父亲说了些我听不懂的话,应该是父亲将我托付给了母亲。

我逃了,拼了命地往上,我不愿躲进木卫二内核里,父亲的宿命之战,也是我的。

母亲在后头紧追不舍,不久便来到了和机械体的分水线,跨过去将凶险无比,但我不怕,只怕父亲不让我参与他的一切。

"这样,你帮我一把。"

"好。"

"你回到冰面,现在黑心大军压境,浅海守备空虚,你去到冰面勒维纳冰震带,我准备好携带信息的电子束,你在冰面观察一号驿站的坐标,告诉那里的人,这里即将发生的事,请求他们支援。"

"好。"

父亲愿和我并肩作战,我在所不辞,随着喷射向冰面的海水回到地表，然而我却发现勒维纳冰震带早已坍塌，而我被困在瞬间冻结的冰块内，掉落在木卫二光洁如镜的地表。

"您永远不理解我，把我当作孩子。"

我还没说完，便化作冰雕，全部的意志尘封在冰冷的水分子结晶内，巧合的是，我的身边就是勒维纳冰震带上残存的热液喷口。

我还有活力，起码有足够的温度进行观测。

不远处矗立着许多冰雕，或大或小，晶莹剔透，像是拼图一般，我竟然认得出每一座冰雕原本的样貌，它们都是广寒宫号的舰体。

"钢铁、机械、齿轮、发动机，这些金属的意志都是稳固的，电子聚集在金属分子之间很难改变，但当我们学会利用电子流改变物质特性时，一切就变得有意思起来。"

父亲的教导就在耳畔，我让电子互相碰撞，冰块化作水，但又瞬间结冰，一定要比温度的下降速度快，我催促那些电子流。

"一切都会变得有意思起来。"

我尝试移动到广寒宫号那座指挥塔残骸边，很慢，但冰块听我的话，变成了扁平状，我朝指挥塔爬上去，热液喷口每次喷发，都让我化作水，一点一点融化冰面，指挥塔下方的冰层逐渐成为溪流，广寒宫号的残骸一片一片、一块一块、一条一条流向热液喷口。

电子流紧紧将本不应该匹配的金属构件结合在一起,一切真的变得有意思起来,儿时把玩的广寒宫号,在我的意志下,它焕然一新,虽满身伤痕。

我全凭记忆,将坠落在木卫二的广寒宫号残片拼凑起来,但缺失了很多,我只能用其他舰艇的部件去修补。拼凑出一整艘船时,我差点笑出来,这根本不符合空间动力学,也毫无美感,但我不在乎,我的生命是父亲给的,也是广寒宫号给的,他们是我的所有意义。

我愿用我的一切,换来他们的重生。

隆隆的破冰声,是我的意志;"广寒宫号"再次拔锚起航的轰鸣,是我的意志;它原本是飞天的神龙,现在是遁地的猛兽,这也是我的意志。

陈舰长的指挥塔,原本是这艘巨舰的大脑,那里日夜不停地进行着计算,所有的一切都是靠大脑运转起来的,现在我只需要"广寒宫号"像一条剑鱼一样,挥动双翅,朝内核下潜。

"广寒宫号"切入战场之时,父亲已经退守到内核最外层一带,直径三公里的防线。

黑心正在肆无忌惮地捕捉电子流,父亲在作最后的抵抗,母亲被几个大型机械体包围在一处无法脱身。

黑心发现了我这个大家伙,瞬间火力全开,机械体对付机械体,它们比对付电子流还要有心得。

我的"广寒宫号"是我最坚实的盾牌,吸引了很多机械体,父母因此脱身,开始组织反击。一时间,海底萤火四溢,没有硝烟,但到处可以嗅觉到死亡的气息。

"爸爸,妈妈,我不是孩子了。"
"你不要做傻事,我们来对付黑心。"
"爸,我有个愿望。"
"不要!"

父亲几近绝望,渴求我停手。

"我不想让你们想念我,您知道我的意思吗?"

父亲这才明白,他下令所有电流阻止我的"广寒宫号",但已经晚了。

"爸爸,如果我还幸存,还有反电子留下,请让它们化作你们的思念,留在这星辰大海间,你一定能在某个瞬间找到我,我一定是你们引以为傲的女儿,没有辜负过任何人,没有浪费一分一秒时间,去做好一个引航员,对吗?"
"不,不!"
"我不说再见,你一直是我的全世界,我也是。"

"广寒宫号"不断加速,朝着黑心久佳的位置,朝着始皇帝大脑中枢的位置,机翼拨开海浪,推开父亲和母亲,劈断所有敢阻挡我的机械体。

面对我的意志，始皇帝也没有用。

黑心身上跳蚤一般互相拥抱的机械体纷纷钻出，朝我扑来，"广寒宫号"的前后主炮台歪着脖子，对准黑心。

父亲和母亲化作一团，来到"广寒宫号"尾部奋力拖拽撕扯舰体。

我能想象久佳震惊的样子，但不会再给他机会，一束金光从深海蹿向黑心，一束灰影，从上方直插黑心。

水体里扩散出的能量波，将零落在外的机械体落叶般吹散。

"电子对的湮灭将爆发强大的能量，足以毁灭金属物质（注解：电子对湮灭是指电子和正子碰撞后湮灭，产生高能量粒子的过程）。"

父亲的话，还在耳畔，但很快一片漆黑笼罩着我，最后的电子离我远去，我陷入长夜。

我随身还有大量正电子，这是唯一能湮灭始皇帝意志的武器。

父亲根本没有料到。

明月照我还

我没死，按照父亲的意思，我可能又是另一种形式的存在，但似乎只能观察，不过观察的范围极广，延伸到整座木卫二磁场覆盖的外层空间。

"我是你的全世界。"

这句话现在我可以对父亲说了。

整片木卫二海死寂一般,父亲和母亲残破不全,没有了往昔的灵动。幸而由于正负湮灭的破坏力,始皇帝的意志也基本消失。

按照理论,父亲应该早已知道,我不会再回来,零星的未湮灭的碎片电子,时而鬼火般在木卫二内核附近闪耀,又瞬间消失,父亲根本捕捉不到。

母亲在内核附近找我,父亲钻进木卫二内核深处,他还有未尽的使命。

木卫二开始加速自转,借助木星的引力,向一号驿站滑去。

父亲不断调整木卫二的方向和速度,它和一号驿站擦肩而过。

"一号驿站,我是频段338.2,广寒宫号三号护卫舰队指挥官张麓凡。"

"什么!你还?"

一号驿站惊呆了,通过他们的回复,证实了我确实是被放弃的那个人,只是用来支开木卫二的纠缠,保全一号驿站。

"是的,我控制了木卫二。"

良久,一号驿站没有回复,我看到一号驿站周围密密麻麻的防御舰队散开,防御姿态瞬间变为进攻阵型。

父亲并不在乎，他继续向二号驿站前进，没有和任何人类舰队交火，一号驿站守备军发现木卫二并无恶意。

"请沿途的七个驿站为我指引地球的坐标，期间我会利用三颗行星的引力场做加速，并吸纳它们的电磁能量补给能量。"

"请告诉我你的位置，我们登陆木卫二来营救，你的英勇事迹是我们这个族群永恒的意志丰碑。"

我想笑，这是对我莫大的嘲讽，脸色转得总比天快，这或许就是人类的本色，没有天注定的对错，就像正反电子，一体两面，一旦对撞，必将湮灭，因此分清时弊是避免湮灭的技巧。

我在那一时刻被放弃，但这一时刻，我无价。

"我不需要营救，你们看到的这颗银装素裹的星球就是我，需要自救的是你们，请给我全程导航，我们一同完成那个不可能的任务。"

一号驿站向木卫二发出了一组信号：明月当空。

"是的，地球的孩子们，他们一定相信，月亮一定会再次升起，从未怀疑过，我也是。"

母亲找到了我遗留四散在木卫二海中的反电子，拼凑起来，是不完整的我，意志里最坚强的那部分，连亚光速的高能离子束都没有将这些意志产生的电子击穿。

拼接起来残破的我，仍旧是那个深爱着广寒宫号的我，不折不扣完成任务的我，那个像傻子一样的我，那个已经再也回不来的我。

我的反电子并没有相对应的正电子约束，速度并不亚于光速，我也已飞速衰老，相对于爸妈。

对于我，只是一种无垠的黑暗，再也不能表达爱，再也接收不到爱，困于这片海中。

父亲的视线里，能看见灰尘一般大小的地球，与它渐行渐远的，是那颗曾经的伴侣月球，它要去追寻它自己的广寒宫，陪伴此事，自古难全。

途经一号驿站时，站长向父亲发出了一则广播，那是一段尘封的故事，先辈们也像我做的那样，用各种方式湮灭自己，换出希望。

"当几百年前，月球脱离地球引力开始逃逸起，我们就已经模拟出地球干旱贫瘠的未来，广寒宫号会升空，七座连接地球和木卫二的驿站也将在半个世纪内完工，木卫二开发总署会在百年后，在最接近木星的一号驿站建成木星引力弹弓。木卫二的海洋一定能被我们击穿，届时海水将以冰块形式喷涌出地表，由一号驿站整理收纳，再由引力弹弓发射回地球，我们将和木卫二牵手，结下一段姻缘，用穿越时空的勇气和毅力，延续自己，致所有已经牺牲的人类群星和正在远赴木卫二的人们。"

最后一座驿站向他发送了月球轨道的原始数据，父亲计算了很久，他清楚木卫二抵达月球轨道损失掉的质量接近原本的三分之一，此时已经要比月球小很多了，因此月球原本的轨道还要再往内拉近，才能产生和原本一样的潮汐力。

"停止自转，预计在十一个地球日后完成刹车，自由滑入地球轨道，请七号驿站数据协同，配合我完成最后一步。"

"收到，随时听候调遣，张麓凡指挥官。"

"不，今后换个名字吧，我觉得这样太生疏了，我还没见过地球。"

"请给我你的新名字。"

"我觉得月亮这个名字不用改，我就叫月亮吧，估计等我进入地球轨道稳定下来后，人们抬头看到的一定是比原先那轮还要光洁璀璨的银盘，我想那时候的夜晚，会像白昼一样亮。"

"收到。"

父亲缓缓滑入地球轨道，绕行数周后，在进入洛希极限前自转完成刹车，七号驿站一片欢腾。

"对了，七号驿站还有没有多余的电磁武器余量？"

父亲问驿站。

"有，是木卫二表面，对不起，是月亮表面还有机械体残余势力吗?"

"不是,只是借我一用,当我滑入地球轨道后,请向我发射一束电磁激光。"

父亲给驿站一个坐标,激光制导武器掠过月亮冰面直达坐标处,母亲这几年收集的冰雕,都是我闪烁的反电子,它们被送到木卫二地表,等待我意愿实现的那一刻。

我没法表达,最后吻了下我的父亲,回望了一眼那颗遍布沙漠的贫瘠地球,激光中的强正电子团与我交汇、激荡、碰撞、释放出莹紫色的花瓣状能量波,在月亮表面绽开一朵硕大的向阳花。

我相信,那些相信月亮还会升起的孩子们,一定看得见我。

"再见,故乡的人,我叫张麓凡,木星的第二大卫星欧罗巴广寒宫号一级引航员。"

"最美的礼物,太壮丽了……"七号驿站告诉我父亲,我知道他一定像个孩子一样哭得睁不开眼。

"记住我,忘记我。"

我闭上眼。